MARCHA CRIANÇA

5º ANO
ENSINO FUNDAMENTAL

PRODUÇÃO DE TEXTO

Nara Luiza Bital Chiappara

Licenciada em Letras (Português e Espanhol) e especialista em Leitura e Produção de Textos pelo Centro Universitário de Belo Horizonte (UNI-BH).
Mestra em Linguística pela Universidade Federal de Viçosa (UFV).

Maria das Graças Leão Sette

Bacharela licenciada em Letras (Português e Francês) pela Faculdade de Ciências Humanas da Pontifícia Universidade Católica de Minas Gerais (PUC-MG).
Licenciada em Letras (Português) pela Universidade Federal de Minas Gerais (UFMG-FAE/PREMEN).
Consultora de projetos didáticos de várias editoras.

Ivone Ribeiro Silva

Licenciada em Letras, com pós-graduação em Leitura e Produção de Textos.
Mestra em Linguística pela Universidade Federal de Minas Gerais (UFMG).
Professora de Língua Portuguesa em escolas do Ensino Fundamental e do Ensino Médio de Belo Horizonte (MG).

Márcia Antônia Travalha

Graduada em Letras (Português e Francês) e especialista em Estudos Linguísticos e Literários pela Universidade Federal de Minas Gerais (UFMG).
Professora em escolas públicas e particulares de Ensino Fundamental em Belo Horizonte (MG).

Antonio de Pádua Barreto Carvalho

Escritor, redator e coordenador do Grupo TBH, que, desde 1999, se dedica à produção de material didático e pedagógico de Língua Portuguesa e Literatura para várias editoras do país.

editora scipione

editora scipione

Presidência: Mario Ghio Júnior
Direção de Soluções Educacionais: Camila Montero Vaz Cardoso
Direção editorial: Lidiane Vivaldini Olo
Gerência editorial: Viviane Carpegiani
Gestão de área: Tatiany Renó
Edição: Mariangela Secco (coord.) e Miriam Mayumi Nakamura (ed.)
Planejamento e controle de produção: Flávio Matuguma, Juliana Batista, Felipe Nogueira e Juliana Gonçalves
Revisão: Kátia Scaff Marques (coord.), Brenda T. M. Morais, Claudia Virgilio, Daniela Lima, Malvina Tomáz e Ricardo Miyake
Arte: André Gomes Vitale (ger.), Catherine Saori Ishihara (coord.) e Christine Getschko (edição de arte)
Diagramação: Ponto Inicial Design Gráfico
Iconografia e tratamento de imagem: André Gomes Vitale (ger.), Claudia Bertolazzi e Denise Durand Kremer (coord.), Camila Loos Von Losimfeld (pesquisa iconográfica) e Fernanda Crevin (tratamento de imagens)
Licenciamento de conteúdos de terceiros: Roberta Bento (gerente); Jenis Oh (coord.); Liliane Rodrigues; Flávia Zambon e Raísa Maris Reina (analistas de licenciamento)
Ilustrações: Nicolas Maia (aberturas), Ilustra Cartoon
Design: Erik Taketa (ger.) e Gustavo Vanini (proj. gráfico e capa)
Ilustração de capa: Estúdio Luminos

Avenida Paulista, 901, 6º andar – Bela Vista
São Paulo – SP – CEP 01310-200
http://www.somoseducacao.com.br

Dados Internacionais de Catalogação na Publicação (CIP)

Marcha Criança : produção de texto 1º ao 5º ano / Nara Luiza Bital Chiappara...[et al]. -- 2. ed. -- São Paulo : Scipione, 2020.
(Coleção Marcha Criança ; vol. 1 ao 5)

Outros autores: Maria das Graças Leão Sette, Ivone Ribeiro Silva, Márcia Antônia Travalha, Antonio de Pádua Barreto Carvalho
Bibliografia

1. Língua portuguesa (Ensino fundamental) Anos iniciais 2. Produção de texto 3. Leitura I. Título II. Chiappara, Nara Luiza Bital III. Série

20-1072 CDD 372.6

Angélica Ilacqua - Bibliotecária - CRB-8/7057

2020
Código da obra CL 745883
CAE 721162 (AL) / 721163 (PR)
ISBN 9788547403010 (AL)
ISBN 9788547403027 (PR)
2ª edição
1ª impressão
De acordo com a BNCC.

Impressão e acabamento: Gráfica Santa Marta Ltda.

Uma publicação SOMOS EDUCAÇÃO

Com ilustrações de **Nicolas Maia**, seguem abaixo os créditos das fotos utilizadas nas aberturas de Unidade:

UNIDADE 1: **Bicicleta:** Vladyslav Starozhylov/Shutterstock, **Mochila:** paullos/Shutterstock, **Lâmpada:** Chones/Shutterstock, **Moça de lado:** Ljupco Smokovski/Shutterstock, **Rapaz de costas:** kosmos111/Shutterstock, **Rapaz de lado:** ASDF_MEDIA/Shutterstock, **Moça de costas:** Kamenetskiy Konstantin/Shutterstock, **Relógio:** Nikuwka/Shutterstock, **Brincos:** Didecs/Shutterstock

UNIDADE 2: **Campo:** MAEWJPHO/Shutterstock, **Bola:** MAEWJPHO/Shutterstock

UNIDADE 3: **Estante:** Alla Greeg/Shutterstock

UNIDADE 4: **Jardim:** SingjaiStocker/Shutterstock, **Casinha de cachorro:** Four-leaf/Shutterstock, **Briquedo de cachorro:** DenisNata/Shutterstock, **Novelo de linha:** Nataliia K/Shutterstock, **Comedouro:** Africa Studio/Shutterstock, **Casa:** Pipas Imagery/Shutterstock

APRESENTAÇÃO

Querido aluno, querida aluna,

Prontos para embarcar no mundo da leitura e da produção de textos? Para que essa viagem seja prazerosa, com muita informação, aventura e diversão, preparamos a coleção **Marcha Criança Produção de Texto**. Com ela, você vai ler e produzir, passo a passo, textos dos mais variados gêneros.

Em cada Unidade selecionamos diferentes textos, interligados por um assunto ou tema comum, e relacionados ao mundo em que vivemos.

Vocês vão ler e aprender de tudo um pouco. E, é claro, produzirão textos com o seu toque de criatividade e imaginação.

Preparados para se tornarem escritores?

Com carinho,

Os autores

Nicolas Maia/Arquivo da editora

CONHEÇA SEU LIVRO

Veja a seguir como o seu livro está organizado.

UNIDADE

Seu livro está organizado em quatro Unidades. As aberturas são compostas dos seguintes boxes:

Entre nesta roda

Você e seus colegas terão a oportunidade de conversar sobre a imagem apresentada e a respeito do que já sabem sobre o tema da Unidade.

Nesta Unidade vamos estudar...

Você vai encontrar uma lista dos conteúdos que serão estudados na Unidade.

LEITURA 1 e LEITURA 2

Cada Unidade é composta de 3 itens e cada um deles aborda um gênero textual diferente. Os textos estão organizados em **Leitura 1** e **Leitura 2**.

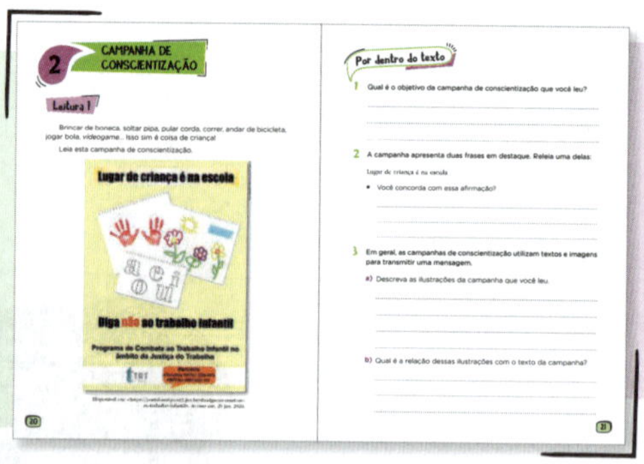

POR DENTRO DO TEXTO

Aqui você encontra atividades de compreensão do texto e exploração das características do gênero textual.

PRODUÇÃO RELÂMPAGO

Uma atividade de produção breve, para ser realizada no próprio livro.

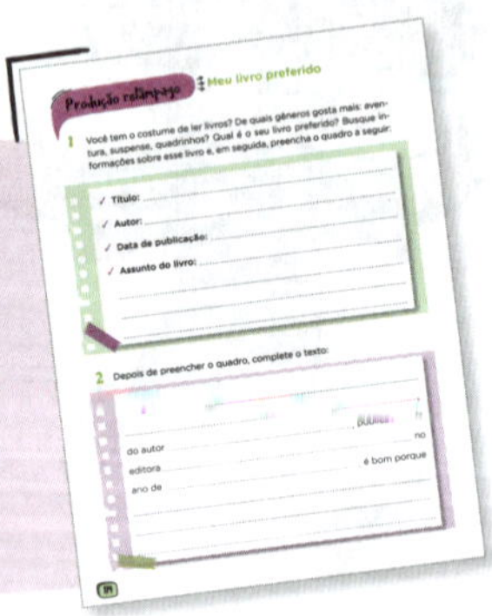

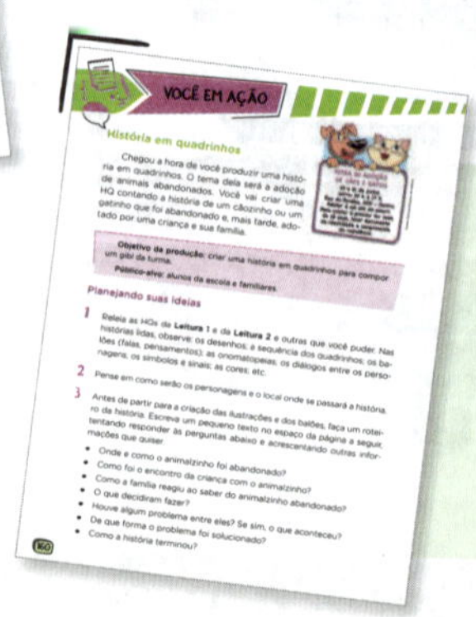

VOCÊ EM AÇÃO

Esta seção encerra o item. Nela você encontra uma proposta de produção de texto, com instruções passo a passo.

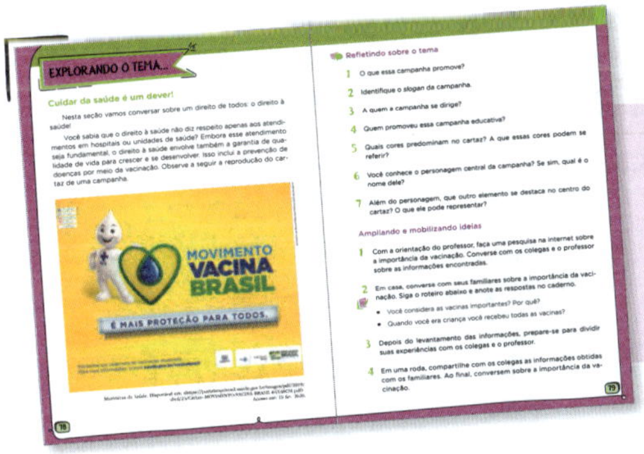

EXPLORANDO O TEMA...

Esta seção aborda temas variados para você refletir, ampliar seu conhecimento e discutir suas ideias.

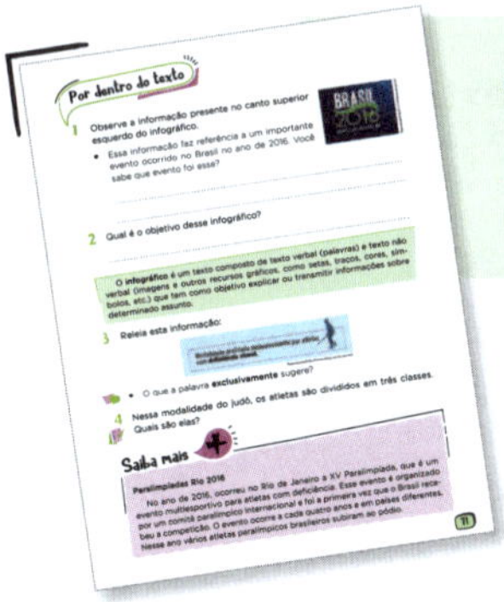

SAIBA MAIS

Boxe com curiosidades e dicas sobre o conteúdo estudado.

QUEM É?

Boxe com informações sobre autores e artistas.

AMPLIANDO O VOCABULÁRIO

Você encontra no texto algumas palavras destacadas e o significado delas na mesma página. Assim, você amplia seu vocabulário.

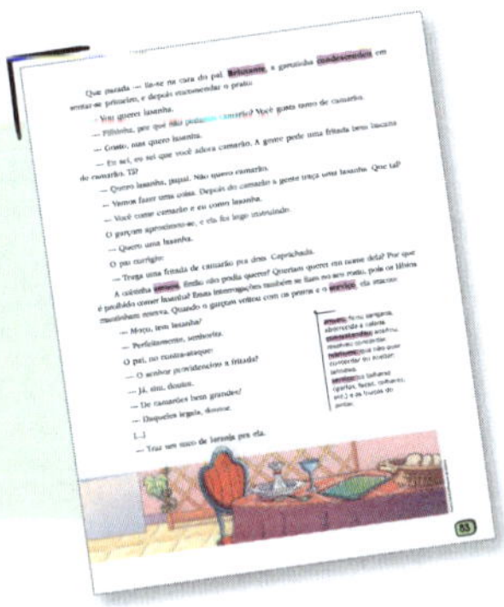

SUGESTÕES PARA O ALUNO

No final do livro, você encontra indicações de livros, *sites*, filmes e CDs para complementar seus estudos.

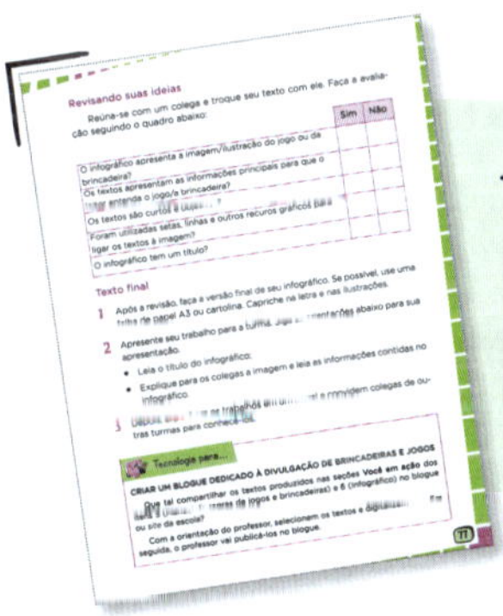

TECNOLOGIA PARA...

Este boxe apresenta atividades, informações e dicas que envolvem o uso da tecnologia.

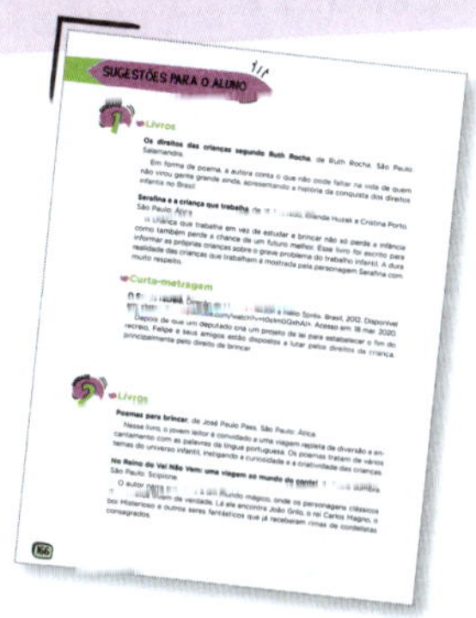

Quando você encontrar estes ícones, fique atento!

Atividade em dupla

Atividade em grupo

Atividade oral

Atividade no caderno

SUMÁRIO

Ilustra Cartoon/Arquivo da editora

UNIDADE 3 VIVA A PROSA! 80

Ilustra Cartoon/Arquivo da editora

UNIDADE 4 É O BICHO! 122

UNIDADE 1

SER CRIANÇA É...

Nicolas Maia

Entre nesta roda

- Onde as crianças estão? Você já foi a um lugar como esse?
- Como as crianças parecem estar se sentindo? Elas parecem estar se divertindo?
- Há adultos na cena. Quem seriam eles? A presença deles junto das crianças é importante?

Nesta Unidade vamos estudar...

- Estatuto
- Campanha de conscientização
- Artigo de opinião

1 ESTATUTO

Leitura 1

Você sabia que as crianças, assim como qualquer cidadão, têm direitos e deveres? No Brasil, temos um documento muito importante, o Estatuto da Criança e do Adolescente, conhecido como ECA. Vamos conhecer um pouco sobre ele?

Leia a seguir um texto sobre o ECA publicado no suplemento infantil Folhinha, do jornal **Folha de S.Paulo**.

https://www1.folha.uol.com.br/fsp/folhinha/225676-licenca-para-sonhar.shtml

Licença para sonhar

Saiba quais direitos as crianças gostariam de ter e conheça o Estatuto da Criança e do Adolescente, que completa 25 anos

Fica decidido que toda criança deve ter um videogame e recreios mais longos. Achou estranho? Pois essa regra imaginária seria adotada por crianças ouvidas pela "Folhinha".

Elas foram consultadas para indicar quais direitos gostariam de acrescentar ao ECA (Estatuto da Criança e do Adolescente), que completa 25 anos na próxima segunda-feira (13). Nessa lei estão previstos os direitos reais de quem tem menos de 18 anos.

Mas nada de videogames ou recreios. O texto trata de assuntos muito sérios [...]. O estatuto adotou a chamada "proteção integral", explica Antonio Fernando do Amaral, **jurista** que ajudou a criar o ECA. Depois disso, virou dever da família, da sociedade e do governo garantir os direitos das crianças e dos adolescentes.

Na opinião de crianças, porém, há muito o que melhorar. Jibran, 8, ainda vê pessoas da idade dele trabalhando nas ruas – algo que não deveria ocorrer mais. Quando os assuntos sérios forem resolvidos, Jibran deixa uma sugestão: "Toda criança podia ganhar um videogame, né?".

Licença para sonhar, de Mateus Luiz de Souza. **Folha de S.Paulo**, São Paulo, 11 jul. 2015. Folhinha. Disponível em: <https://www1.folha.uol.com.br/fsp/folhinha/225676-licenca-para-sonhar.shtml>. Acesso em: 11 maio 2020.

https://www1.folha.uol.com.br/fsp/folhinha/225681-expectativa-x-realidade.shtml

Expectativa × realidade

Estudantes querem casas grátis e dinheiro após provas; lei real prevê educação gratuita e garantia de brincadeira

Crianças pobres deveriam ganhar roupas e brinquedos das famílias mais ricas – principalmente no Natal.

Maysa, 10

Meus pais me dão R$ 10 toda vez que eu tiro dez em uma prova. Seria legal se toda criança também recebesse isso.

Giovanna, 12

Seria legal que a lei obrigasse a construção de muitas casas pelo Brasil, sem que os pais precisassem pagar por elas.

Pablo, 10

Eu melhoraria os locais para praticar esportes, além de sempre deixar um professor de Educação Física disponível para as crianças.

Henry, 10

Adoro videogame, por isso queria que toda criança tivesse um aparelho em casa. Acho que deveria ser livre também o uso de calculadora na prova.

Jibran, 8

Expectativa × realidade, de Mateus Luiz de Souza. **Folha de S.Paulo**, São Paulo, 11 jul. 2015. Folhinha. Disponível em: <https://www1.folha.uol.com.br/fsp/folhinha/225681-expectativa-x-realidade.shtml>. Acesso em: 11 maio 2020.

jurista: indivíduo que tem muito conhecimento das leis e dos direitos jurídicos das pessoas (juiz, advogado); geralmente trabalha dando consultas a respeito desses direitos.

Por dentro do texto

1 Você concorda com os direitos imaginários apresentados pelas crianças entrevistadas? Responda e, depois, explique a sua opinião aos colegas.

2 Que direito você gostaria de acrescentar ao ECA? Por quê?

3 Você sabe a diferença entre **desejo** e **necessidade**? Explique.

4 Das sugestões apresentadas pelas crianças, para o ECA imaginário:

a) Quais seriam consideradas necessidades?

b) Quais seriam consideradas desejos?

Leitura 2

Leia mais um trecho do texto publicado na Folhinha. Ele apresenta alguns dos direitos da criança previstos pelo ECA.

https://www1.folha.uol.com.br/folhinha/2015/07/1654132-estatuto-da-crianca-e-do-adolescente-completa-25-anos-cheio-de-desafios.shtml

Folha de S.Paulo/Folhapress

ESSES SÃO DE VERDADE

Conheça oito direitos previstos no Estatuto da Criança e do Adolescente

1 SAÚDE
Se ficar doente ou tiver algum problema, todos os pequenos devem ter **acesso a um médico**.

2 EDUCAÇÃO
Ninguém pode **ficar fora da escola**. São garantidas a entrada e a permanência no colégio, além de acesso a **educação pública e gratuita** perto de casa.

3 BRINCAR
Brincadeira também é coisa séria! Toda criança tem que ter hora para **brincar, praticar esportes e se divertir**.

4 TRABALHO
Segundo a Constituição (principal lei do país), é proibido qualquer tipo de trabalho a **menores de 14 anos**. A partir dessa idade, o adolescente pode ser aprendiz.

Ilustrações Fernando Mola

5 CULTURA
Criança precisa de acesso à cultura. Na televisão, por exemplo, é garantido acesso a **programas com finalidades educativas**.

6 RESPEITO
Nenhuma criança ou adolescente pode ter tratamento **desumano, violento, aterrorizante, vexatório ou constrangedor**.

7 LIBERDADE
Pode falar o que pensa. Todo jovem tem direito de **opinar e expressar-se livremente**.

8 FAMÍLIA
Nada de ficar sozinho. Crianças e jovens devem ter **sempre uma família**, mesmo que substituta.

Estatuto da Criança e do Adolescente completa 25 anos cheio de desafios, de Gabriela Romeu. **Folha de S.Paulo**, São Paulo, 11 jul. 2015. Folhinha. Disponível em: <https://www1.folha.uol.com.br/folhinha/2015/07/1654132-estatuto-da-crianca-e-do-adolescente-completa-25-anos-cheio-de-desafios.shtml>. Acesso em: 11 maio 2020.

Por dentro do texto

1 De acordo com o texto **Esses são de verdade**, qual direito da criança é desrespeitado quando ela:

a) passa o dia realizando trabalhos domésticos, sem poder frequentar a escola nem brincar?

....

....

b) não tem acesso a bibliotecas, exposições de arte, peças teatrais, filmes?

....

....

c) fica doente e não tem assistência médica?

....

....

2 Pelo que você já sabe e pelo que lê, ouve e observa no seu dia a dia, reflita e discuta com os colegas: Todas as crianças têm seus direitos respeitados? Por quê?

3 O Estatuto da Criança e do Adolescente foi criado em 13 de julho de 1990. Leia um trecho do documento:

LEI Nº 8.069,

DE 13 de JULHO de 1990.

Dispõe sobre o Estatuto da Criança e do Adolescente e dá outras providências.

O PRESIDENTE DA REPÚBLICA

Faço saber que o Congresso Nacional decreta e eu sanciono a seguinte Lei:

Livro I

Parte Geral

Título I

Das Disposições Preliminares

Art. 1º Esta Lei dispõe sobre a proteção integral à criança e ao adolescente.

Art. 2º Considera-se criança, para os efeitos desta Lei, a pessoa até doze anos de idade incompletos, e adolescente aquela entre doze e dezoito anos de idade.

Parágrafo único. Nos casos expressos em lei, aplica-se excepcionalmente este Estatuto às pessoas entre dezoito e vinte e um anos de idade.

Art. 3º A criança e o adolescente gozam de todos os direitos fundamentais inerentes à pessoa humana, sem prejuízo da proteção integral de que trata esta Lei, assegurando-se-lhes, por lei ou por outros meios, todas as oportunidades e facilidades, a fim de lhes facultar o desenvolvimento físico, mental, moral, espiritual e social, em condições de liberdade e de dignidade.

Parágrafo único. Os direitos enunciados nesta Lei aplicam-se a todas as crianças e adolescentes, sem discriminação de nascimento, situação familiar, idade, sexo, raça, etnia ou cor, religião ou crença, deficiência, condição pessoal de desenvolvimento e aprendizagem, condição econômica, ambiente social, região e local de moradia ou outra condição que diferencie as pessoas, as famílias ou a comunidade em que vivem. [...]

Art. 4º É dever da família, da comunidade, da sociedade em geral e do poder público assegurar, com absoluta prioridade, a efetivação dos direitos referentes à vida, à saúde, à alimentação, à educação, ao esporte, ao lazer, à profissionalização, à cultura, à dignidade, ao respeito, à liberdade e à convivência familiar e comunitária.

[...]

Estatuto da Criança e do Adolescente. Brasília, 2019.
Disponível em: <http://www.crianca.mppr.mp.br/arquivos/File/publi/mmfdh/eca_atualizado_mmfdh_2019.pdf>. Acesso em: 28 jan. 2020.

a) De acordo com o Estatuto, como as crianças e os adolescentes se diferenciam?

b) De quem é o dever de assegurar às crianças e aos adolescentes seus direitos? Em qual artigo se localiza essa orientação?

O **estatuto** é um texto que apresenta uma lei ou conjunto de leis ou regras que regem a organização e o funcionamento da sociedade, de uma instituição, de uma empresa, etc. Geralmente são organizados em títulos, capítulos, artigos e parágrafos.

Produção relâmpago → Roda de conversa

Agora, você e seus colegas vão fazer uma roda de conversa para refletir, debater, opinar, apresentar e registrar ideias e soluções para a seguinte questão:

> O que os governos, a sociedade, a escola e a família podem fazer para garantir os direitos das crianças?

1. Pense sobre o tema proposto e anote suas ideias nas linhas a seguir para poder consultar na hora de expor sua opinião para os colegas.

2. Pense nos argumentos que vai usar para justificar sua opinião.

VOCÊ EM AÇÃO

Estatuto dos Pais ou Responsáveis

Você leu um texto em que as crianças inventaram alguns direitos para um "ECA imaginário". Que tal, agora, produzir um "Estatuto dos Pais ou Responsáveis"?

Nesse estatuto você vai produzir "artigos" com experiências positivas e gratuitas que os pais ou responsáveis podem e devem realizar com os filhos, como ouvir ou contar histórias, fazer um piquenique, cozinhar, fazer brincadeiras, etc.

Objetivo da produção: criar artigos para um estatuto que incentive bons momentos de interação entre filhos e pais ou responsáveis.

Público-alvo: alunos da escola, pais ou responsáveis.

Planejando suas ideias

1 Forme dupla com um colega e listem dez experiências simples e positivas que sejam de graça e que, na opinião de vocês, toda criança deveria vivenciar com a família. Lembrem-se de que os artigos que vocês vão criar devem proporcionar às crianças:

- convivência com a família;
- contato com a natureza e atividades ecológicas;
- vivência de atividades culturais;
- hábitos de vida saudáveis e não consumistas.

2 O estatuto deve ser organizado em artigos. Leia, como modelo, mais um artigo do ECA.

> **Art. 7º** A criança e o adolescente têm direito a proteção à vida e à saúde, mediante a efetivação de políticas sociais públicas que permitam o nascimento e o desenvolvimento sadio e harmonioso, em condições dignas de existência.
>
> **Estatuto da Criança e do Adolescente**. Disponível em: <http://www.crianca.mppr.mp.br/arquivos/File/publi/mmfdh/eca_atualizado_mmfdh_2019.pdf>. Acesso em: 29 jan. 2020.

Rascunho

1 Com base na lista que você e seu colega fizeram, criem os artigos do "Estatuto dos Pais ou Responsáveis".

2 Você pode fazer cinco artigos e o colega outros cinco para, depois, formarem um único estatuto da dupla, com dez artigos.

3 Lembrem-se de seguir como modelo os artigos do ECA.

Revisando suas ideias

Troquem o texto com o de outra dupla e avaliem os itens a seguir.

	Sim	Não
Os artigos estão numerados?		
Os artigos são fáceis de entender?		
Os artigos incentivam: • atividades que não precisam de dinheiro para ser realizadas?		
• contato com a natureza?		
• convivência com a família?		
• atividades culturais?		
• hábitos saudáveis de vida?		
Os artigos seguem as características do Estatuto da Criança e do Adolescente?		

Texto final

1 Reescrevam o texto, seguindo as observações da outra dupla de colegas e as orientações do professor.

2 Leiam para a turma os artigos que vocês elaboraram e ouçam com atenção a leitura dos colegas.

3 Com a orientação do professor, a turma vai escolher os dez melhores artigos para compor o "Estatuto dos Pais ou Responsáveis".

4 Com a ajuda do professor, digitem o texto do estatuto no computador. Façam cópias para distribuir entre os alunos da escola e para os pais ou responsáveis. Vocês também podem publicar o estatuto da turma no *site* ou blogue da escola.

Ilustra Cartoon/Arquivo da editora

2 CAMPANHA DE CONSCIENTIZAÇÃO

Leitura 1

Brincar de boneca, soltar pipa, pular corda, correr, andar de bicicleta, jogar bola, *videogame*... Isso sim é coisa de criança!

Leia esta campanha de conscientização.

Disponível em: <https://portal-antigo.trt1.jus.br/divulgacao-combate-ao-trabalho-infantil>. Acesso em: 28 jan. 2020.

Por dentro do texto

1 Qual é o objetivo da campanha de conscientização que você leu?

....

....

....

2 A campanha apresenta duas frases em destaque. Releia uma delas:

Lugar de criança é na escola

- Você concorda com essa afirmação?

....

....

....

3 Em geral, as campanhas de conscientização utilizam textos e imagens para transmitir uma mensagem.

a) Descreva as ilustrações da campanha que você leu.

....

....

....

....

b) Qual é a relação dessas ilustrações com o texto da campanha?

....

....

....

4 As campanhas de conscientização geralmente apresentam letras de diversos tamanhos e cores diferenciadas. Como são as cores e o tamanho das letras do texto que você leu?

....

....

....

5 *Slogan* é uma frase curta, fácil de ser memorizada. Ele apresenta a mensagem da campanha e incentiva uma ação. A campanha que você viu apresenta o seguinte *slogan*:

Diga **não** ao trabalho infantil

- Por que a palavra **não** foi escrita em **vermelho**?

....

....

....

....

....

....

As **campanhas de conscientização** têm a finalidade de convencer e sensibilizar o leitor, levando-o a aderir a uma ideia. Esses textos utilizam linguagem verbal (texto) e linguagem não verbal (imagens, ilustrações), além de recursos gráficos, como diferentes tamanhos de letras, uso de cores, símbolos, setas, etc.

Também é comum apresentarem um *slogan*, que é uma frase usada para motivar e incentivar uma ação.

6 Que orientação é dada para que as pessoas possam denunciar a exploração do trabalho infantil?

....

....

7 O que você pensa a respeito do tema da campanha? Por quê?

....

....

....

....

....

8 Aline é uma personagem muito famosa do quadrinista Adão Iturrusgarai. Na tira a seguir ela mostra que conhece bem os direitos das crianças.

Aline, de Adão Iturrusgarai. **Folha de S.Paulo**, São Paulo, 20 mar. 2007. Ilustrada. Disponível em: <https://acervo.folha.com.br/index.do>. Acesso em: 11 maio 2020.

a) Marque as alternativas que estão de acordo com a tira.

- [ ] O pai de Aline não quer que ela brinque o dia todo.
- [ ] Aline conhece seus direitos e sabe que não deve trabalhar porque tem o direito de brincar.
- [ ] O pai de Aline acha bom que a menina conheça seus direitos para poder cobrá-los.
- [ ] A fala do pai, no último quadrinho, tem o sentido de que criança bem informada sabe que não pode trabalhar.

b) Por que a frase imperativa "Vai trabalhar!!", do 1º quadrinho, aparece destacada em um balão vermelho?

....

....

....

....

c) Por que algumas palavras das falas dos personagens estão destacadas em negrito?

....

....

....

....

d) O título do livro que Aline mostra ao pai é **Declaração Universal dos Direitos da Criança**. O que você acha que contém nesse livro?

....

....

....

....

....

9 Muitas crianças não trabalham, mas ajudam os pais ou os responsáveis que cuidam delas em tarefas domésticas, como lavar a louça, varrer e limpar o chão, arrumar a cama, ajudar a fazer o supermercado, a cuidar do irmão mais novo, etc.

- Você acha que isso pode ser considerado um "trabalho"? Qual é sua opinião a respeito desse assunto? Converse com os colegas e o professor.

Produção relâmpago → Balão de pensamento

1 Releia o último quadrinho da tira:

© Adão Iturrusgarai/Folhapress

Aline, de Adão Iturrusgarai. **Folha de S.Paulo**, São Paulo, 20 mar. 2007. Ilustrada. Disponível em: <https://acervo.folha.com.br/index.do>. Acesso em: 11 maio 2020.

2 O que Aline teria pensado ao ouvir esse comentário do pai? Preencha o balão abaixo com o possível pensamento da menina.

Leitura 2

Leia a seguir algumas peças de mais uma campanha de conscientização sobre o trabalho infantil.

Governo Federal/Ministério do Desenvolvimento Social e Combate à Fome

Ministério do Desenvolvimento Social e Combate à fome. Brasil.

Governo Federal/Ministério do Desenvolvimento Social e Combate à Fome

Ministério do Desenvolvimento Social e Combate à fome. Brasil.

Governo Federal/Ministério do Desenvolvimento Social e Combate à Fome

Ministério do Desenvolvimento Social e Combate à fome. Brasil.

Por dentro do texto

1 Que tipo de trabalho infantil é denunciado em cada peça da campanha?

2 Releia o *slogan* da campanha:

Com o trabalho infantil, a infância desaparece.

a) Explique esse *slogan*.

b) Qual é a relação das imagens com o *slogan* da campanha?

3 Converse com os colegas e o professor sobre as consequências ou os perigos que os itens abaixo podem acarretar às crianças:

a) O trabalho na rua;

b) O excesso de trabalho em casa;

c) O trabalho que exige força física;

VOCÊ EM AÇÃO

Campanha de conscientização

Agora, você e os colegas vão produzir, com cartazes, uma campanha de conscientização para defender os direitos das crianças.

O professor vai dividir a turma em grupos. Cada grupo produzirá um cartaz para a campanha, de acordo com as instruções a seguir.

Objetivo da produção: produzir um cartaz para uma campanha de conscientização em defesa dos direitos das crianças.

Público-alvo: alunos, pais ou responsáveis, professores e outros funcionários da escola.

Planejando suas ideias

1 Inicialmente, faça, com os colegas e o professor, uma pesquisa sobre o Estatuto da Criança e do Adolescente (ECA), que regulamenta, no Brasil, esses direitos.

2 Após a pesquisa, você e os colegas farão uma lista com alguns dos direitos previstos no ECA. O professor vai registrá-los na lousa e cada grupo escolherá um dos direitos para fazer o cartaz. Anote o escolhido por seu grupo nas linha abaixo.

3 Escrevam um pequeno texto apresentando o direito da criança escolhido pelo grupo e a mensagem que vocês querem transmitir ao público.

Rascunho

1 Criem um *slogan* para a campanha: uma frase curta e objetiva, fácil de memorizar, que resuma a mensagem que o grupo escolheu.

....

....

....

....

2 Pensem em uma imagem para ilustrar o cartaz (pode ser um desenho feito por vocês, uma gravura recortada, etc.). Ela deve estar relacionada ao *slogan* e complementar as orientações apresentadas no cartaz.

3 No espaço abaixo, façam o rascunho do cartaz escrevendo o texto e indicando onde a imagem entrará.

Revisando suas ideias

Com a ajuda do professor, façam a revisão do cartaz seguindo o quadro abaixo.

	Sim	Não
A mensagem da campanha está clara e compreensível?		
O direito da criança escolhido pelo grupo foi apresentado?		
O *slogan* tenta convencer o público da importância da campanha e o motiva a agir em defesa das crianças?		
A imagem tem relação com o *slogan*?		
A grafia das palavras e a pontuação estão corretas?		

Texto final

1 Organizem o texto em uma cartolina, seguindo o que foi planejado no rascunho e fazendo as correções necessárias. Usem letras maiores ou cores diferentes para o *slogan* e outras partes do cartaz que queiram destacar. O texto deve ser escrito em letras maiúsculas para favorecer a leitura a distância.

2 Colem a imagem, ou façam a ilustração escolhida, e escrevam o nome de todos os integrantes do grupo na parte inferior do cartaz.

3 Depois, escolham, com o professor e os colegas, o local da escola onde os cartazes serão expostos. Pode ser no corredor das salas de aula, no pátio, na entrada...

4 Os cartazes também podem ser digitalizados e postados no blogue ou *site* da escola.

Ilustra Cartoon/Arquivo da editora

3 ARTIGO DE OPINIÃO

Leitura 1

Você vai ler a seguir um artigo de opinião sobre uma das resoluções do ECA.

https://acervo.folha.com.br/leitor.do?numero=15272&anchor=64242&origem=busca&pd=52fc739063bda93c45c73db9e769ef6d

Por que criança não pode trabalhar?

Helio Mattar
Especial para a Folhinha

Criança não pode trabalhar por um motivo simples: porque ela está muito ocupada sendo criança. Ser criança é ter a liberdade de fazer uma porção de coisas: ir à escola, brincar, ler, praticar esportes, conviver com outras crianças. Ser criança é ser livre para inventar brincadeiras, fazer descobertas e, aos pouquinhos, aprender a ler o mundo.

Quando uma criança trabalha, não sobra tempo para brincar e estudar. As crianças que trabalham, ao invés de papel e lápis, usam enxadas e pás. Em vez de conviver com outras crianças na sala de aula, elas passam o dia cercadas de adultos, suando a camisa em **lavouras**, em **carvoarias**, em lares de estranhos, em lixões e nas ruas.

Muitas vezes essas crianças se machucam trabalhando. Algumas carregam objetos ou sacos pesados, que lhes dão dores nos braços e nas costas. Outras se queimam, se cortam, ficam doentes. Para elas, a liberdade de brincar, estudar e jogar é somente um sonho enquanto descansam para mais um dia de trabalho...

Para garantir todas essas liberdades foram criados os direitos da criança. No Brasil, esses direitos estão na lei: eles compõem o Estatuto da Criança e do Adolescente (ECA). Segundo o ECA, toda criança tem direito à vida e à saúde, à liberdade e à dignidade, à convivência com a família, à educação, ao lazer e a muitas outras coisas.

O ECA diz com todas as letras: abaixo dos 16 anos, é proibido trabalhar. Mas estar escrito na lei não é suficiente. É preciso que os governos, as famílias e as empresas estejam atentos e prontos a ajudar as crianças que trabalham, tirando-as dessas atividades, garantindo que elas possam estudar e ajudando suas famílias a acolhê-las com dignidade e carinho.

Ilustra Cartoon/Arquivo da editora

Por que criança não pode trabalhar?, de Helio Mattar. **Folha de S.Paulo**, São Paulo, 2 mar. 2002.Folhinha. Disponível em: <https://acervo.folha.com.br/leitor.do?numero=15272&anchor=64242&origem=busca&pd=52fc739063bda93c45c73db9e769ef6d>. Acesso em: 12 maio 2020.

carvoaria: estabelecimento onde se fabrica e vende carvão.
lavoura: local onde se cultivam alimentos; plantação.

Por dentro do texto

1 O título do texto é uma pergunta. Por que o autor utilizou uma pergunta como título?

....

2 Releia:

Por que criança não pode trabalhar?

Criança não pode trabalhar por um motivo simples: **porque** ela está muito ocupada sendo criança.

- Explique a grafia de **por que** e **porque** nas frases acima.

....

....

3 Qual é a opinião do autor a respeito do trabalho infantil?

....

4 Que argumentos o autor usa para convencer os leitores de seu ponto de vista?

....

....

....

5 Você concorda com o autor? Justifique sua resposta.

....

....

Artigo de opinião é um texto jornalístico que apresenta a opinião ou o ponto de vista do autor sobre determinado assunto. Seu objetivo é convencer o leitor do ponto de vista defendido pelo autor.

6 Releia os trechos a seguir e explique o significado das expressões em destaque.

[...] cercadas de adultos, **suando a camisa** em lavouras, em carvoarias [...]

...

...

O ECA **diz com todas as letras:** abaixo dos 16 anos, é proibido trabalhar.

...

...

7 Para reforçar seus argumentos, o autor do texto cita o Estatuto da Criança e do Adolescente, o ECA.

a) De acordo com esse documento, a partir de que idade é permitido trabalhar? Justifique sua resposta.

...

...

...

b) Pelo que você observa na realidade, o ECA é cumprido? Converse com os colegas e o professor.

8 Releia os trechos:

I. Criança não pode trabalhar por um motivo simples: porque ela está muito ocupada sendo criança.

II. Segundo o ECA, toda criança tem direito à vida e à saúde, à liberdade e à dignidade, à convivência com a família, à educação, ao lazer e a muitas outras coisas.

- Agora, escreva nos quadrinhos o número do trecho que representa:

☐ uma opinião do autor. ☐ um fato.

Leitura 2

Você sabe o que é vaidade? Você se considera uma criança vaidosa?

Leia a seguir um artigo de opinião sobre esse tema, escrito por Rosely Sayão.

https://m.folha.uol.com.br/colunas/quebracabeca/2015/07/1659962-voce-e-uma-crianca-vaidosa.shtml

Você é uma criança vaidosa?

Rosely Sayão
25/07/2015 00h01

Você é uma criança vaidosa? Sabe o que é vaidade, não sabe? É aquela vontade de que os outros vejam você e o achem bonito, vestido com roupas e calçados que estão na moda ou que, pelo menos, muitos colegas e amigos usam. Estar sempre com o cabelo bem-arrumado ou bem desarrumado, esse tipo de coisa.

Para ter vaidade não importa o sexo: há meninas vaidosas e meninos também. Já foi diferente. Algum tempo atrás, eram mais as garotas que davam essa importância toda à aparência, e os garotos eram mais desencanados. Mas tudo mudou, e agora meninas e meninos se importam com isso. É ou não é?

Tem criança vaidosa demais. Conheço meninas e meninos que, antes de sair, ficam um tempão olhando para o espelho, checando se está tudo ok.

E olham daqui, olham de lá e olham de novo! Parece que nunca ficam satisfeitos com o que veem. Muitas dessas crianças só querem que os colegas gostem delas e acham que, tendo uma boa aparência, isso se resolve.

Mas vamos pensar: será que beleza faz a pessoa ser mais legal? E será que o que você está enxergando no espelho é a mesma coisa que os outros também veem? Aposto que não.

Tudo bem ter um pouco de vaidade, porque isso até ajuda a pessoa a cuidar bem de si mesma.

Mas vaidade demais atrapalha, porque deixa a criança insegura. Pode ser que ela pense que só vai conseguir ter colegas e amigos que gostem dela por causa do modo como ela se veste ou se penteia. Para falar a verdade, nunca, nunquinha mesmo, alguém vai conseguir agradar a todo mundo.

E sempre é bom lembrar que a aparência é só uma parte de você, não é tudo. É verdade que ela pode ajudar na aproximação com as outras crianças, mas se você não for legal com elas, da paz, amigo, não vai adiantar nada. Por isso, tenha um pouco de vaidade, mas não deixe que ela cresça demais, está bem?

Você é uma criança vaidosa?, de Rosely Sayão. **Folha de S.Paulo**, São Paulo, 25 jul. 2015. Folhinha. Disponível em: <https://m.folha.uol.com.br/colunas/quebracabeca/2015/07/1659962-voce-e-uma-crianca-vaidosa.shtml>. Acesso em: 30 jan. 2020.

ELENAVAL/Getty Images

Por dentro do texto

1 A quem a autora do artigo se dirige? Justifique sua resposta.

....

....

2 Assinale as frases que apresentam o ponto de vista da autora.

- [ ] Vaidade demais atrapalha.
- [ ] Criança não deve ser vaidosa.
- [ ] A aparência é só uma parte de nós, não é tudo.
- [ ] Algum tempo atrás, os garotos eram mais vaidosos.

3 Que argumentos usados pela autora são:

a) favoráveis à vaidade?

b) desfavoráveis à vaidade?

4 Releia:

> Algum tempo atrás, eram mais as garotas que davam essa importância toda à aparência, e os garotos eram mais desencanados. **Mas** tudo mudou, e agora meninas e meninos se importam com isso. É ou não é?

a) Ao perguntar "É ou não é?", a autora pede a opinião do leitor. A que ela se refere ao fazer essa pergunta?

b) A palavra **mas** é utilizada para introduzir uma ideia contrária, oposta. No trecho acima, a afirmação introduzida por **mas** é contrária a qual outra afirmação?

5 Os argumentos da autora contra o excesso de vaidade o convenceram? Converse com os colegas e o professor.

Produção relâmpago → Balão de fala

1 Leia a tirinha a seguir, que ilustra o artigo de opinião **Você é uma criança vaidosa?**, de Rosely Sayão.

Armandinho, de Alexandre Beck. Disponível em: <https://m.folha.uol.com.br/colunas/quebracabeca/2015/07/1659962-voce-e-uma-crianca-vaidosa.shtml>. Acesso em: 20 jan. 2020.

2 Os personagens dos quadrinhos são Armandinho e Fê. Em sua opinião, o que Armandinho diria para a menina, no último quadrinho? Você acha que ele concordaria ou discordaria dela? Imagine a resposta de Armandinho e escreva-a no balão de fala a seguir.

VOCÊ EM AÇÃO

Artigo de opinião

Depois de ler, refletir e discutir a respeito da vaidade na infância, é hora de expor o que você pensa a respeito desse assunto. Você vai produzir um artigo de opinião argumentando sobre o seguinte tema: "Excesso de vaidade infantil é ou não é um problema?".

Objetivo da produção: produzir um artigo de opinião expondo seu ponto de vista a respeito do tema.

Público-alvo: alunos da escola.

Planejando suas ideias

Antes de começar, é preciso organizar as ideias. Nas linhas a seguir, escreva sua opinião sobre o excesso de vaidade na infância. Pense nas consequências e nos benefícios desse comportamento para as crianças. Por fim, defina se você vai argumentar a favor ou contra a vaidade.

Rascunho

1 No primeiro parágrafo, faça a introdução. Apresente a ideia principal, construindo uma frase que expresse sua opinião, ou seja, o seu ponto de vista.

2 Nos parágrafos seguintes, apresente como argumento as consequências negativas ou positivas para a criança que é muito vaidosa. Lembre-se de consultar suas anotações.

3 No parágrafo final, faça a conclusão. Retome a ideia principal do seu texto e reforce sua opinião. Você pode dar sugestões apoiando ou não a vaidade.

4 Dê um título atrativo e que esteja de acordo com o ponto de vista que você escolheu para defender.

Dicas:

- Use a linguagem adequada ao público que vai ler seu artigo: seus colegas de classe e as outras turmas da escola.
- Verifique a grafia correta das palavras.
- Releia seu texto e observe se você se posiciona de maneira clara e eficiente a respeito do tema.
- Tente identificar se sua ideia principal está fundamentada em argumentos corretos e se estes estão bem desenvolvidos.
- Você pode interrogar o leitor, assim como fez a autora Rosely Sayão em: "Sabe o que é vaidade, não sabe?"; "É ou não é?".
- Você pode sugerir uma reflexão, como em: "Mas vamos pensar: será que beleza faz a pessoa ser mais legal?".
- Você pode até dar um conselho ou fazer um pedido, como em: "Por isso, tenha um pouco de vaidade, mas não deixe que ela cresça demais, está bem?".

Hanana/Shutterstock

5 Agora, escreva nas linhas a seguir o rascunho do seu artigo de opinião.

(título)

Revisando suas ideias

Troque seu texto com o de um colega e avalie-o seguindo o quadro abaixo.

	Sim	Não
Os argumentos estão de acordo com o ponto de vista escolhido?		
Os argumentos poderão convencer o leitor?		
A conclusão está de acordo com o ponto de vista defendido?		
Os parágrafos estão organizados de acordo com os blocos de ideias indicados no **Rascunho** (introdução, argumentação e conclusão)?		
A pontuação e a grafia das palavras estão corretas?		

Texto final

1 Escreva a versão final do seu texto seguindo as observações dos colegas e as orientações do professor.

2 Lembre-se de colocar o título de seu artigo. Se quiser, você pode ilustrar o texto com colagens ou desenhos.

3 Depois, você e os colegas vão escolher, de comum acordo com o professor, em que locais vão divulgar ou publicar os artigos de opinião produzidos pela turma. Vocês podem:

- fazer um mural em um corredor da escola ou em outro local bem visível que o professor escolher;
- digitalizar os textos e publicá-los no *site* ou blogue da escola.

Ilustra Cartoon/Arquivo da editora

UNIDADE 2

DIVERSÃO É...

Entre nesta roda

- Descreva a cena. Qual esporte está sendo praticado pelas crianças?
- O esporte representado na imagem é bastante comum. Que regras desse esporte você conhece?
- Há importantes competições envolvendo esse esporte. Você conhece alguma?

Nesta Unidade vamos estudar...

- Letra de canção
- Regra de jogo
- Infográfico

Nicolas Maia/Arquivo da editora

4 LETRA DE CANÇÃO

Leitura 1

Você já sabe: criança não trabalha! Mas, então, o que criança faz? Que tal... brincar? Você gosta de brincar? De que brincadeiras você gosta mais?

Criança não trabalha

Lápis, caderno, chiclete, pião
Sol, bicicleta, *skate*, calção
Esconderijo, avião, correria, tambor
Gritaria, jardim, confusão

Bola, pelúcia, merenda, *crayon*
Banho de rio, banho de mar, pula-sela, bombom
Tanque de areia, gnomo, sereia,
Pirata, baleia, manteiga no pão

Giz, merthiolate, band-aid, sabão
Tênis, cadarço, almofada, colchão
Quebra-cabeça, boneca, peteca, botão
Pega-pega, papel, papelão

Ilustra Cartoon/Arquivo da editora

Criança não trabalha, criança dá trabalho

Criança não trabalha...

1, 2 feijão com arroz,

3, 4 feijão no prato

5, 6 tudo outra vez...

Criança não trabalha, criança dá trabalho

Criança não trabalha, criança dá trabalho

Lápis...

Banho de rio, banho de mar, pula-sela, bombom

Quebra-cabeça, boneca, peteca, botão...

Não trabalha...

Criança não trabalha, de Arnaldo Antunes e Paulo Tatit.
In: Palavra Cantada. **Canções curiosas**. 1998. Disponível em:
<http://palavracantada.com.br/musica/crianca-nao-trabalha/>. Acesso em: 19 fev. 2020.

Ilustra Cartoon/Arquivo da editora

Quem é?

Ronaldo Silva/Futura Press

Palavra Cantada é um grupo musical formado por Paulo Tatit e Sandra Peres. Desde 1994, o grupo compõe e interpreta canções infantis. Entre seus grandes sucessos estão as canções **Criança não trabalha**, **Sopa**, **Pomar** e **Ciranda dos bichos**.

Por dentro do texto

1 Como são compostas as três primeiras estrofes?

....

....

....

2 O **refrão** é um verso ou um conjunto de versos que se repete na canção. Qual é o refrão da letra de canção **Criança não trabalha**?

....

....

3 Releia as frases abaixo, retiradas da letra da canção. Explique o sentido de cada uma delas

Criança não trabalha

Criança dá trabalho

....

....

....

4 Qual é o tema da letra de canção **Criança não trabalha**?

....

....

A **letra de canção** é um texto produzido para ser musicado. É poético e tem sonoridade e ritmo. Geralmente apresenta rimas e refrão. A melodia que acompanha a letra é produzida com instrumentos musicais. As letras de canção podem transmitir mensagens sobre temas variados.

5 Pense em alguma brincadeira de que você gosta (ou gostava quando era mais novo) e tente descrevê-la usando apenas substantivos. Em seguida, leia-a para seus colegas para que eles tentem adivinhar qual é a brincadeira.

....

....

....

6 Que palavras ou expressões da letra da canção indicam:

a) o trabalho que as crianças podem dar;

....

b) as consequências que algumas brincadeiras mais perigosas podem acarretar;

....

....

c) brincadeiras que podem ser feitas dentro de casa;

....

....

d) brincadeiras que só podem ser feitas fora de casa.

....

....

7 A quinta estrofe reproduz versos de uma canção infantil bastante conhecida. Que modificação foi feita nesses versos? Na sua opinião, por que foi feita essa modificação?

....

....

....

Leitura 2

Para brincar, é preciso ter brinquedos? É possível brincar usando apenas a imaginação? Pense em uma árvore... o que ela poderia ser, na sua imaginação, além de uma árvore? E um sofá? O que ele poderia ser? Vamos colocar a imaginação para funcionar!

Brincadeira

Eu vi uma astronave decolando rumo ao céu
Eu sei que pra você
Era só um carretel

Mas eu vi esse navio desbravando todo mar
Eu sei que pra você
Era só mais um papel pra dobrar

Eu vi uma floresta encantada de alecrim
Eu sei que pra você
Era só mais um jardim

Mas eu vi um precipício gigantesco de assustar
Eu sei que pra você
Era só a ponta do sofá

Ilustra Cartoon/Arquivo da editora

Ilustra Cartoon/Arquivo da editora

Eu vi um mundo inteiro
Que ninguém mais viu
Eu vi a brincadeira
Flutuando no vazio

Eu vi um automóvel deslizando num pinote
Eu sei que pra você
Era só mais um caixote

Eu vi num manto mágico de invisibilidade
Eu sei que pra você
É só uma questão de idade

Mas eu vi um mundo inteiro
Que ninguém mais viu
Eu vi a brincadeira
Flutuando no vazio

Brincadeira. Grupo Cria. Disponível em: <https://www.letras.mus.br/grupo-cria/brincadeira/>. Acesso em: 5 jan. 2020.

Por dentro do texto

1 Releia este verso da letra da canção:

Eu vi uma astronave decolando rumo ao céu

- A expressão "eu vi", que introduz esse verso, se repete nas outras estrofes. Na sua opinião, a pessoa que fala na canção realmente viu o que descreve?

....

....

A pessoa ou voz que fala na letra da canção ou em um poema é o **eu lírico**.

2 O eu lírico da letra da canção **Brincadeira** é uma criança. Ele fala com alguém (seu interlocutor).

a) Que palavra ele usa para se dirigir a esse interlocutor?

....

....

....

b) Esse interlocutor tem a mesma imaginação que o eu lírico?

....

....

c) O que o interlocutor pensa da imaginação do eu lírico? Justifique.

....

....

....

d) O eu lírico se sente compreendido pelo interlocutor? Por quê?

....

....

3 Você também se considera uma pessoa com muita imaginação?

....

....

4 Você e seus amigos já inventaram alguma brincadeira? Como era essa brincadeira?

....

....

5 Na letra da canção **Brincadeira**, foram usados alguns recursos da linguagem poética. Busque no texto exemplos de:

a) rimas: ....

....

b) repetição de versos: ....

6 Releia:

Eu vi um automóvel deslizando **num** pinote

Eu sei que **pra** você

Era só mais um caixote

- As palavras em destaque foram escritas utilizando o registro informal da língua. Por que foi usada essa forma de linguagem?

....

....

....

Produção relâmpago → Lista de coisas que me fazem feliz

Nas linhas a seguir, faça uma lista de atividades, brincadeiras, jogos e ações diversas que fazem você feliz e que, na sua opinião, são necessários e um direito de todas as crianças.

VOCÊ EM AÇÃO

Letra de canção

Reúna-se com dois colegas para produzir uma letra de canção baseada no universo infantil: aventuras, brincadeiras, jogos, amizade, etc.

Objetivo da produção: criar uma letra de canção para ser apresentada em sala de aula.

Público-alvo: alunos e professores da escola.

Planejando suas ideias

1 Pesquisem letras de canção que tenham como tema o universo infantil: jogos e brincadeiras, por exemplo. Vocês podem perguntar a seus familiares ou responsáveis se eles se lembram de músicas que ouviam quando eram crianças e sobre o que eram essas músicas. Para ajudar a pesquisa, vejam, a seguir, alguns títulos de canções:

- ✓ **O caderno**, de Toquinho
- ✓ **Lindo Balão Azul**, de Guilherme Arantes
- ✓ **Superfantástico**, da Turma do Balão Mágico
- ✓ **Aquarela**, de Toquinho
- ✓ **Oito anos**, de Adriana Calcanhotto

2 Depois de pesquisar e ouvir diversas músicas, criem uma letra de canção expressando o que você e seus colegas pensam sobre ser criança e as coisas divertidas que se pode fazer nessa fase da vida. Lembrem-se:

- a letra de canção deve ser escrita em versos;
- o refrão deve se repetir durante a canção;
- é importante criar rimas;
- deve-se consultar o dicionário para buscar palavras que enriqueçam a letra de canção.

Rascunho

1 Produzam a primeira versão da letra da canção seguindo as orientações do planejamento.

2 Criem versos curtos.

3 Selecionem palavras que tenham sons repetidos e que rimem.

4 A letra da canção deve ter pelo menos duas estrofes e o refrão.

5 Escolham um título.

(título)

Revisando suas ideias

Depois de produzirem o rascunho, leiam-no atentamente. Sigam o quadro abaixo para realizar a avaliação.

	Sim	Não
A letra da canção foi escrita em versos?		
A letra da canção apresenta um refrão?		
Há pelo menos duas estrofes?		
O tema da canção é o universo infantil?		
A letra da canção apresenta rimas e sons que se repetem?		
O título tem relação com a letra da canção?		

Texto final

1 Depois de revisada, reescrevam a letra da canção em uma folha avulsa e façam uma ilustração.

2 Com a orientação do professor, façam uma roda para compartilhar com a turma a letra da canção que produziram.

3 Combinem um dia para fazer a apresentação oral das canções. Caso você toque algum instrumento, leve-o para tornar a apresentação mais divertida. Não se esqueçam de ensaiar com os colegas!

Ilustra Cartoon/Arquivo da Editora

5 REGRA DE JOGO

Leitura 1

Você gosta de jogos? Quais jogos você conhece? Costuma respeitar as regras? Leia o texto a seguir sobre um jogo muito divertido!

Damas

O jogo de damas já existia 2 mil anos **a.C.** Nas escavações feitas no vale do rio Nilo, foram encontradas **incrustações** com desenho do tabuleiro e algumas pedras soltas, pelo que se pode afirmar que ele era jogado no antigo Egito. Somente na **Idade Média** o jogo de damas chegou à Grécia e Roma. O nome surgiu porque, enquanto os reis jogavam xadrez, as mulheres jogavam damas.

Materiais

✓ Cartolinas amarela e vermelha

✓ E.V.A. azul e laranja

Confecção

Recorte dois quadrados (30 × 38 cm) nas cartolinas amarela e vermelha. Deixe 5 cm nas extremidades e faça dois quadrados de 28 × 28 cm. Trace dezesseis tiras, sendo oito de cada cor. Recorte-as e faça o cruzamento para formar o tabuleiro. Após o entrelaçamento das tiras, cole-as. Faça 24 bolinhas de E.V.A., doze de cada cor, na medida de uma moeda de 10 centavos.

Modo de jogar

O jogo inicia-se com dois jogadores: um de cada lado com 12 pedras. Cada jogador move a sua pedra (uma de cada vez) nas diagonais sempre para frente, tentando capturar a do adversário. É obrigatório "comer", caso contrário a pedra será "soprada". Ela se transformará em dama quando conseguir chegar à última linha do tabuleiro. A dama é "poderosa", pode avançar, retroceder e mover-se livremente em todas as direções, tentando eliminar o adversário. Ganha quem conseguir capturar o maior número de pedras do adversário.

Brinquedoteca: jogos, brinquedos e brincadeiras, de Natividade Pereira. São Paulo: Paulinas, 2004.

a.C.: sigla utilizada para se referir aos eventos ocorridos na história da nossa humanidade antes de Cristo.
Idade Média: período da História que se estendeu entre os séculos V e XV.
incrustação: gravação.

Por dentro do texto

1 O texto é dividido em quatro partes. Identifique o que consta em cada uma dessas partes.

1. Primeira parte	☐	Orientações para confeccionar o jogo.
2. Segunda parte	☐	Regras para jogar damas.
3. Terceira parte	☐	Curiosidades sobre o jogo e sua origem.
4. Quarta parte	☐	Materiais necessários para confeccionar o jogo.

2 Veja ao lado a imagem de um tabuleiro de damas tradicional.

valzan/Shutterstock

- Considerando o posicionamento das peças, o que é possível concluir?

....

....

....

3 Quantos participantes são necessários para jogar uma partida de damas?

....

4 Que orientações são dadas para jogar damas?

....

....

....

5 O que acontece se um participante não "comer" a pedra do adversário?

....

....

6 As peças do jogo podem se tornar dama.

a) Como isso é possível?

....

....

b) Que vantagens a dama tem?

....

....

....

7 Quando o jogo termina?

....

....

As **regras de jogo** são textos que têm a função de instruir ou ensinar sobre como um jogo, ou uma brincadeira, é praticado. Eles, geralmente, apresentam as regras do jogo, quantas pessoas podem jogar, os materiais necessários, o objetivo do jogo, como se dá a vitória, etc.

8 Na sua opinião, o texto ensina com clareza como jogar damas?

....

....

9 Você acha que faltou alguma informação nesse texto? Qual?

....

....

....

Produção relâmpago → Que jogo é este?

1 Observe a imagem.

Art_rich/Shutterstock

2 Agora, pesquise esse jogo e anote as seguintes informações:

- Nome do jogo:

....

- O que é necessário para jogá-lo:

....

....

- Quantidade de participantes:

....

....

- Regras:

....

....

....

....

....

Leitura 2

Você já brincou de jogo da velha? Sabe dizer quais são as regras desse jogo e o que é necessário para jogar? Leia o texto a seguir e descubra como confeccionar o jogo e aprender suas regras.

Jogo da velha

Este jogo foi um dos mais simples já encontrados no Egito, em 1400 a.C., e na China, em 500 a.C. Talvez o nome se justifique em razão de ser jogado por mulheres mais idosas que, com pouca visão, não conseguiam mais tricotar ou bordar.

Materiais

2 pedaços de E.V.A. de cores diferentes

10 bolinhas de E.V.A. de 2 cm (5 de cada cor)

Cola quente

Pincel atômico

Confecção

Faça dois quadrados em E.V.A.: um de 16 × 16 cm e outro de 12 × 12 cm. Cole um sobre o outro e faça o traçado: duas linhas na vertical e duas na horizontal.

Como jogar

O objetivo é posicionar as peças em linha reta (na vertical, horizontal ou diagonal). O tabuleiro começa vazio e, alternadamente, os jogadores colocam uma peça por vez em uma casa vazia. Não é permitido "passar a vez". Caso o tabuleiro esteja cheio e nenhum dos jogadores tenha formado três peças em linha, o jogo acaba em empate, ou seja, "deu velha".

Brinquedoteca: jogos, brinquedos e brincadeiras, de Natividade Pereira. São Paulo: Paulinas, 2004.

Por dentro do texto

1 Que informações compõem a primeira parte do texto?

2 Que explicação é dada para justificar o nome do jogo?

3 O texto apresenta instruções para confeccionar o jogo da velha. Que materiais são necessários?

4 Releia a parte **Confecção** e responda às questões a seguir.

a) Que informações essa parte do texto apresenta?

b) Essas informações têm a mesma função das outras partes do texto? Por quê?

5 Em qual parte do texto encontram-se as regras do jogo?

6 Por que as expressões "passar a vez" e "deu velha" estão entre aspas?

7 Copie do texto o trecho que explica a ilustração a seguir.

Ilustra Cartoon/Arquivo da editora

8 Qual é o objetivo do jogo?

9 Você sabe quantos jogadores são necessários para o jogo? Essa informação é apresentada no texto?

10 O livro do qual foi retirado o texto chama-se **Brinquedoteca: jogos, brinquedos e brincadeiras.**

a) O que é uma brinquedoteca?

b) Para que tipos de leitor esse livro foi publicado?

VOCÊ EM AÇÃO

Manual de regras de jogos e brincadeiras

Você leu as regras de dois jogos e conheceu as características de textos que nos instruem e ensinam a fazer algo. Agora, vamos produzir um manual de regras de jogos e brincadeiras.

Objetivo da produção: redigir regras de um jogo ou de uma brincadeira para organizar um mural em sala de aula e um "Manual de regras de jogos e brincadeiras".

Público-alvo: colegas da turma, alunos da escola, professores, familiares e amigos.

Planejando suas ideias

Faça uma pequena entrevista com um adulto de sua família. Faça as perguntas a seguir a anote as respostas.

- Quais eram suas brincadeiras e jogos favoritos quando era criança?

....

....

- De qual delas você gostava mais?

....

- Como esse jogo ou brincadeira é praticado (número de participantes, material necessário, o que cada jogador deve fazer, quais são suas regras e como se dá a vitória).

....

....

....

....

Rascunho

1 Com as anotações do planejamento, faça, nas linhas abaixo, o rascunho da regra do jogo ou da brincadeira escolhida.

2 No topo da folha insira o título, ou seja, o nome da brincadeira ou do jogo.

3 Organize o texto nas partes listadas a seguir:

- **Objetivo**: nessa parte, apresente a meta principal do jogo.
- **Participantes**: indique o número de participantes que podem jogar. Se for necessário, explique a função de cada um no jogo.
- **Material**: liste o material necessário para realizar a brincadeira. Por exemplo: bola, raquete, rede, etc.
- **Como brincar**: explique como se joga ou brinca. Lembre-se de descrever todos os detalhes importantes. Por exemplo: como se inicia a brincadeira, quanto tempo dura, as regras, quem será o vencedor.

....

(título)

....

....

....

....

....

....

....

....

....

....

....

....

Revisando suas ideias

1 Troque seu texto com o de um colega e faça a avaliação seguindo o quadro abaixo.

	Sim	Não
As regras ensinam como jogar ou fazer uma brincadeira?		
O texto está organizado de acordo com as partes indicadas no **Rascunho**?		
A grafia das palavras e a pontuação estão corretas?		
O título do texto é o nome do jogo ou da brincadeira?		

2 Depois, troque ideias com o colega e apresente sugestões para melhorar o texto dele. Peça também ao professor que leia seu texto e o oriente a respeito das correções.

Texto final

1 Em uma folha à parte, reescreva o texto da regra do jogo ou da brincadeira com as modificações necessárias.

2 Faça uma ilustração que ajude os leitores a entender as regras descritas no texto.

3 Entregue a produção para o professor, que vai organizar um mural com os textos da turma.

4 Para compor o "Manual de regras de jogos e brincadeiras", sigam as instruções:

- Preparem um sumário contendo o nome de todos os jogos e brincadeiras, em ordem alfabética, e as páginas numeradas.
- Façam uma capa com as seguintes informações: ano em que foi produzido; identificação da turma que produziu; nome do professor e nome da escola.
- Façam a encadernação do manual e tirem as cópias para oferecer à biblioteca da escola, aos colegas de outras turmas e aos familiares.

5 Depois, convidem as pessoas para brincar com vocês.

6 INFOGRÁFICO

Leitura 1

Que modalidades de esporte você conhece? Você saberia dizer suas regras? Leia no infográfico a seguir as regras do judô praticado por atletas com deficiência visual.

Reprodução/http://www.blog.saude.gov.br/

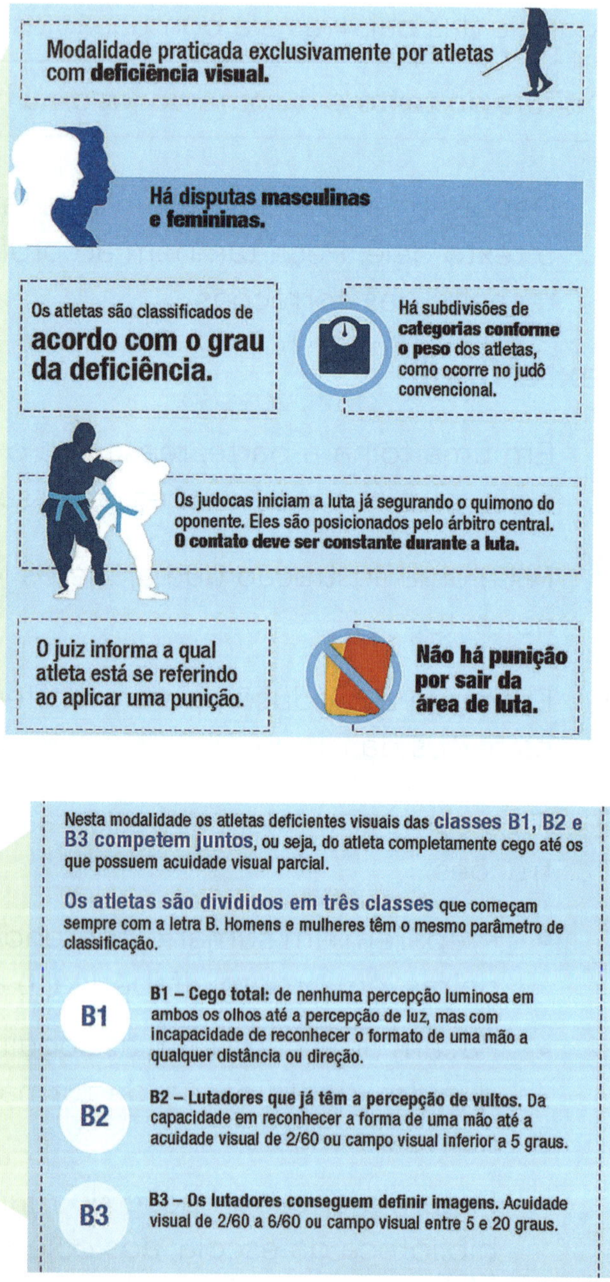

Disponível em: <http://rededoesporte.gov.br/pt-br/megaeventos/paraolimpiadas/modalidades/judo>. Acesso em: 15 maio 2020.

Por dentro do texto

1 Observe a informação presente no canto superior esquerdo do infográfico.

Reprodução/http://www.blog.saude.gov.br/

- Essa informação faz referência a um importante evento ocorrido no Brasil no ano de 2016. Você sabe que evento foi esse?

....

....

2 Qual é o objetivo desse infográfico?

....

O **infográfico** é um texto composto de texto verbal (palavras) e texto não verbal (imagens e outros recursos gráficos, como setas, traços, cores, símbolos, etc.) que tem como objetivo explicar ou transmitir informações sobre determinado assunto.

3 Releia esta informação:

Reprodução/http://www.blog.saude.gov.br/

- O que a palavra **exclusivamente** sugere?

4 Nessa modalidade do judô, os atletas são divididos em três classes. Quais são elas?

Saiba mais

Paralimpíadas Rio 2016

No ano de 2016, ocorreu no Rio de Janeiro a XV Paralimpíada, que é um evento multiesportivo para atletas com deficiência. Esse evento é organizado por um comitê paralímpico internacional e foi a primeira vez que o Brasil recebeu a competição. O evento ocorre a cada quatro anos e em países diferentes. Nesse ano vários atletas paralímpicos brasileiros subiram ao pódio.

Leitura 2

Leia mais um infográfico para conhecer outra modalidade disputada nas Olimpíadas de 2016.

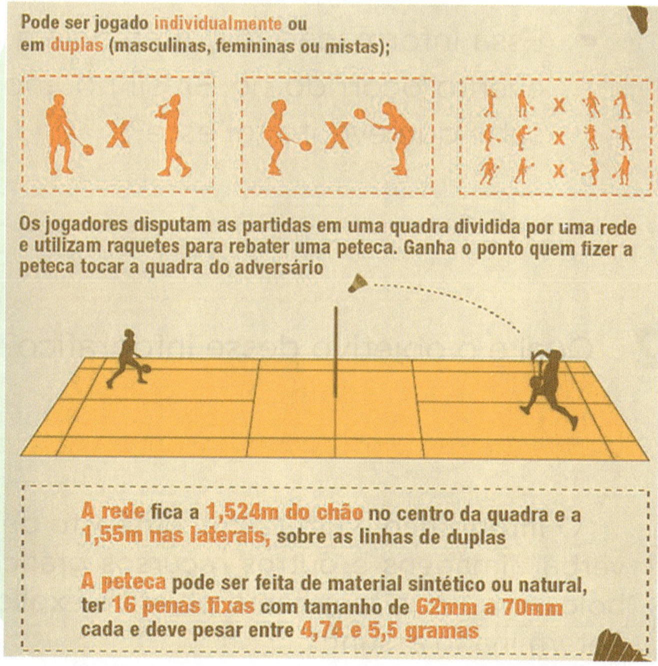

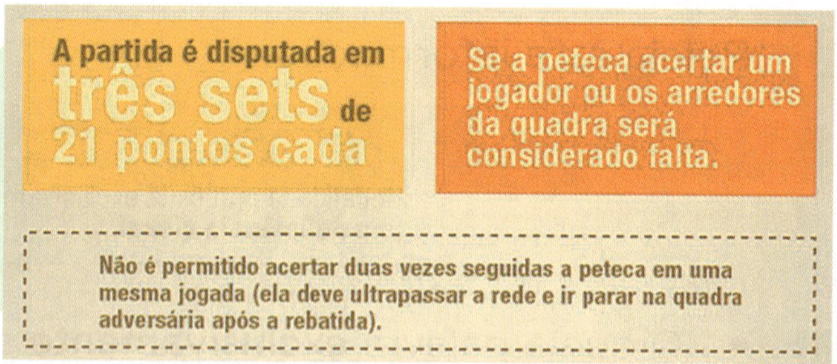

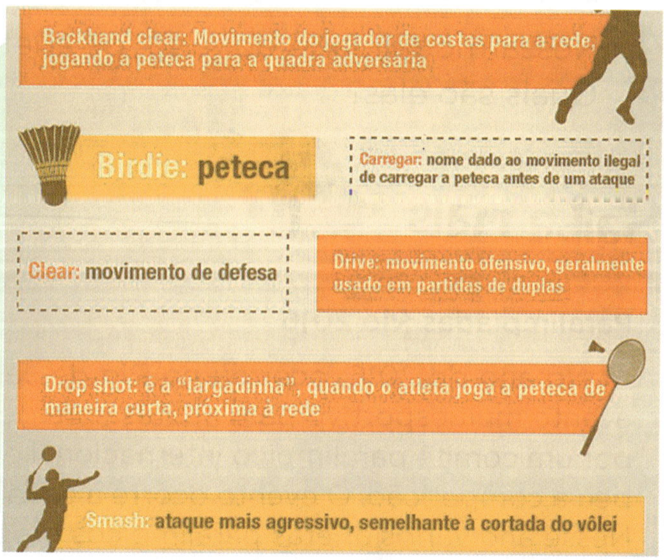

Disponível em: <http://www.ebc.com.br/esportes/rio2016/2016/07/conheca-regras-do-badminton-velocidade-no-rio-2016>. Acesso em: 15 maio 2020.

Por dentro do texto

1 Qual é o objetivo desse infográfico?

....

....

2 Releia as seguintes informações:

Pode ser jogado **individualmente** ou em **duplas** (masculinas, femininas ou mistas);

Ministério do Esporte/EBC/Creative Commons CC BY 3.0

a) Por que as palavras **individualmente** e **duplas** estão escritas em cor diferente da usada no restante do texto?

....

....

b) Qual é a função da informação entre parênteses?

....

....

3 Observe a imagem do infográfico:

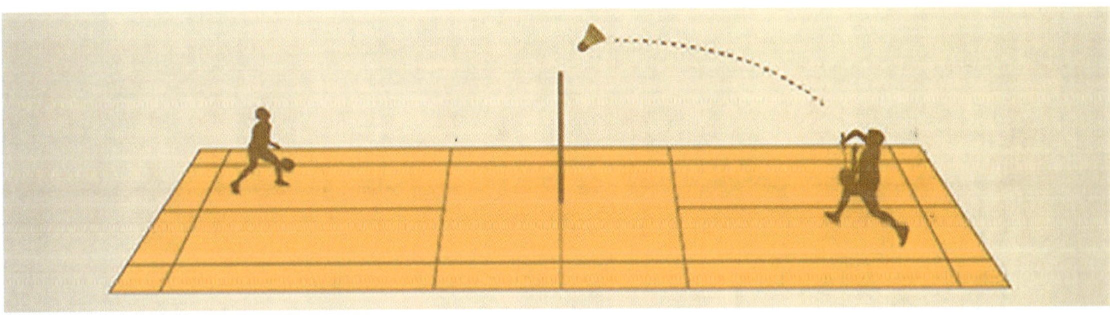

Ministério do Esporte/EBC/Creative Commons CC BY 3.0

- O que a linha curva tracejada indica?

....

....

4 Que regras devem ser seguidas em relação à rede?

.....

.....

.....

5 Como a partida é disputada?

.....

.....

6 Como são marcados os pontos pelos competidores?

.....

.....

7 Observe a imagem e escreva a que informação ela se refere.

.....

.....

.....

8 Qual é a função das imagens a seguir?

.....

.....

.....

Produção relâmpago — Conhecendo uma jogada no *badminton*: *smash*

1 Observe a ilustração abaixo. Ela representa uma jogada do *badminton*, que resulta em ponto para um dos jogadores. Ela é conhecida como *smash*.

Ilustra Cartoon/Arquivo da editora

2 Sua tarefa será completar as informações da ilustração para explicar que um dos jogadores acaba de marcar um ponto, pois realizou um *smash*. Siga as instruções:

- Retome o infográfico da **Leitura 2** e copie a explicação da jogada *smash* no quadro maior localizado próximo ao jogador que marcou o ponto.
- Trace uma linha ou uma seta, indicando o movimento da peteca até o campo do adversário.
- No quadros menores, identifique os jogadores: **Jogador A** e **Jogador B**.

VOCÊ EM AÇÃO

Infográfico

Você leu dois infográficos e observou como são construídos e a função desses textos. Agora, vamos produzir um.

Objetivo da produção: produzir um infográfico para explicar como jogar determinado jogo ou brincadeira.

Público-alvo: colegas da turma e alunos da escola.

Planejando suas ideias

1 Retome o "Manual de regras de jogos e brincadeiras", feito no item 5.

2 Releia as informações apresentadas no texto e faça uma lista com aquelas que são fundamentais para que o leitor compreenda as regras do jogo ou o funcionamento da brincadeira. Veja a seguir algumas informações que não podem faltar em seu infográfico:

- A quantidade de participantes para jogar ou brincar;
- Os materiais necessários para o jogo ou a brincadeira;
- As regras do jogo ou da brincadeira;
- O que é necessário para alcançar a vitória (se o jogo ou a brincadeira tiver um vencedor).

Rascunho

1 Em uma folha à parte, faça o rascunho de seu infográfico. Use as informações listadas no planejamento.

2 Siga as orientações a seguir:

- Use a imagem ou a ilustração do jogo ou da brincadeira como ponto de partida.
- Use setas, linhas e traços para ligar os textos à imagem.
- Crie textos curtos e objetivos.
- Crie um título para o infográfico.

Revisando suas ideias

Reúna-se com um colega e troque seu texto com ele. Faça a avaliação seguindo o quadro abaixo:

	Sim	Não
O infográfico apresenta a imagem/ilustração do jogo ou da brincadeira?		
Os textos apresentam as informações principais para que o leitor entenda o jogo/a brincadeira?		
Os textos são curtos e objetivos?		
Foram utilizadas setas, linhas e outros recuros gráficos para ligar os textos à imagem?		
O infográfico tem um título?		

Texto final

1 Após a revisão, faça a versão final de seu infográfico. Se possível, use uma folha de papel A3 ou cartolina. Capriche na letra e nas ilustrações.

2 Apresente seu trabalho para a turma. Siga as orientações abaixo para sua apresentação.

- Leia o título do infográfico;
- Explique para os colegas a imagem e leia as informações contidas no infográfico.

3 Depois, exponham os trabalhos em um mural e convidem colegas de outras turmas para conhecê-los.

Tecnologia para...

CRIAR UM BLOGUE DEDICADO À DIVULGAÇÃO DE BRINCADEIRAS E JOGOS

Que tal compartilhar os textos produzidos nas seções **Você em ação** dos itens 5 (Manual de regras de jogos e brincadeiras) e 6 (Infográfico) no blogue ou *site* da escola?

Com a orientação do professor, selecionem os textos e digitalizem-nos. Em seguida, o professor vai publicá-los no blogue.

EXPLORANDO O TEMA...

Cuidar da saúde é um dever!

Nesta seção vamos conversar sobre um direito de todos: o direito à saúde!

Você sabia que o direito à saúde não diz respeito apenas aos atendimentos em hospitais ou unidades de saúde? Embora esse atendimento seja fundamental, o direito à saúde envolve também a garantia de qualidade de vida para crescer e se desenvolver. Isso inclui a prevenção de doenças por meio da vacinação. Observe a seguir a reprodução do cartaz de uma campanha.

Ministério da Saúde/https://portalarquivos2.saude.gov.br

Ministério da Saúde. Disponível em: <https://portalarquivos2.saude.gov.br/images/pdf/2019/abril/23/Cartaz--MOVIMENTO-VACINA-BRASIL-64X46CM.pdf>. Acesso em: 19 fev. 2020.

Refletindo sobre o tema

1 O que essa campanha promove?

2 Identifique o *slogan* da campanha.

3 A quem a campanha se dirige?

4 Quem promoveu essa campanha educativa?

5 Quais cores predominam no cartaz? A que essas cores podem se referir?

6 Você conhece o personagem central da campanha? Se sim, qual é o nome dele?

7 Além do personagem, que outro elemento se destaca no centro do cartaz? O que ele pode representar?

Ampliando e mobilizando ideias

1 Com a orientação do professor, faça uma pesquisa na internet sobre a importância da vacinação. Converse com os colegas e o professor sobre as informações encontradas.

2 Em casa, converse com seus familiares sobre a importância da vacinação. Siga o roteiro abaixo e anote as respostas no caderno.

- Você considera as vacinas importantes? Por quê?
- Quando você era criança você recebeu todas as vacinas?

3 Depois do levantamento das informações, prepare-se para dividir suas experiências com os colegas e o professor.

4 Em uma roda, compartilhe com os colegas as informações obtidas com os familiares. Ao final, conversem sobre a importância da vacinação.

UNIDADE 3

VIVA A PROSA!

Entre nesta roda

- Em que lugar as pessoas da cena parecem estar?
- O que elas estão fazendo?
- Você já participou de momentos como este da cena? Como foi?

Nesta Unidade vamos estudar...

- Crônica literária
- Conto
- Resenha

Nicolas Maia/Arquivo da editora

Nicolas Maia/Arquivo da editora

7 CRÔNICA LITERÁRIA

Leitura 1

Uma criança pode querer tudo o que lhe vem à mente? Ou deve ter limites? Em que situações as crianças podem ou não escolher e impor o que querem? Na crônica literária a seguir, esse assunto vai render uma boa prosa...

No restaurante

— Quero lasanha.

Aquele anteprojeto de mulher — quatro anos, no máximo, desabrochando na ultraminissaia — entrou decidido no restaurante. Não precisava de menu, não precisava de mesa, não precisava de nada. Sabia perfeitamente o que queria. Queria lasanha.

O pai, que mal acabara de estacionar o carro em uma vaga de milagre, apareceu para dirigir a operação-jantar, que é, ou era, da competência dos senhores pais.

— Meu bem, venha cá.

— Quero lasanha.

— Escute aqui, querida. Primeiro, escolhe-se a mesa.

— Não, já escolhi. Lasanha.

Ilustra Cartoon/Arquivo da editora

Que parada — lia-se na cara do pai. **Relutante**, a garotinha **condescendeu** em sentar-se primeiro, e depois encomendar o prato:

— Vou querer lasanha.

— Filhinha, por que não pedimos camarão? Você gosta tanto de camarão.

— Gosto, mas quero lasanha.

— Eu sei, eu sei que você adora camarão. A gente pede uma fritada bem bacana de camarão. Tá?

— Quero lasanha, papai. Não quero camarão.

— Vamos fazer uma coisa. Depois do camarão a gente traça uma lasanha. Que tal?

— Você come camarão e eu como lasanha.

O garçom aproximou-se, e ela foi logo instruindo:

— Quero uma lasanha.

O pai corrigiu:

— Traga uma fritada de camarão pra dois. Caprichada.

A coisinha **amuou**. Então não podia querer? Queriam querer em nome dela? Por que é proibido comer lasanha? Essas interrogações também se liam no seu rosto, pois os lábios mantinham reserva. Quando o garçom voltou com os pratos e o **serviço**, ela atacou:

— Moço, tem lasanha?

— Perfeitamente, senhorita.

O pai, no contra-ataque:

— O senhor providenciou a fritada?

— Já, sim, doutor.

— De camarões bem grandes?

— Daqueles legais, doutor.

[...]

— Traz um suco de laranja pra ela.

amuou: ficou zangada, aborrecida e calada.
condescendeu: aceitou, resolveu concordar.
relutante: que não quer concordar ou aceitar; teimoso.
serviço: os talheres (garfos, facas, colheres, etc.) e as louças do jantar.

Ilustra Cartoon/Arquivo da editora

Com o [...] suco de laranja, veio a famosa fritada de camarão, que, para surpresa do restaurante inteiro, interessado no desenrolar dos acontecimentos, não foi recusada pela senhorita. Ao contrário, papou-a, e bem. A silenciosa **manducação** atestava, ainda uma vez, no mundo, a vitória do mais forte.

Ilustra Cartoon/Arquivo da editora

— Estava uma coisa, hem? — comentou o pai, com um sorriso bem alimentado. — Sábado que vem, a gente repete... Combinado?

— Agora a lasanha, não é, papai?

— Eu estou satisfeito. Uns camarões tão geniais! Mas você vai comer mesmo?

— Eu e você, tá?

— Meu amor, eu...

— Tem de me acompanhar, ouviu? Pede a lasanha.

O pai baixou a cabeça, chamou o garçom, pediu. Aí, um casal, na mesa vizinha, bateu palmas. O resto da sala acompanhou. O pai não sabia onde se meter. A garotinha, **impassível**. Se, na **conjuntura**, o poder jovem **cambaleia**, vem aí, com força total, o poder ultrajovem.

cambaleia: enfraquece, fica sem firmeza, sem força.
conjuntura: conjunto de circunstâncias, de situações.
impassível: indiferente, tranquilo; sereno.
manducação: ato de mastigar, comer ("silenciosa manducação": ato de comer em silêncio)

No restaurante, de Carlos Drummond de Andrade.
In: **Crônicas 1**, de vários autores. São Paulo: Ática, 2014.

Quem é?

Fernando Seixas/Arquivo da editora

Carlos Drummond de Andrade, poeta, contista, cronista, foi um dos principais autores da literatura brasileira do século XX. Nasceu em 1902 em Itabira, Minas Gerais, e faleceu em 1987, no Rio de Janeiro. Para as crianças e os jovens, Drummond escreveu: **História de dois amores**; **O elefante**; **Vó caiu na piscina**; **Criança dagora é fogo!** e **A cor de cada um**.

Por dentro do texto

1 As crônicas podem ser narradas em 1ª ou em 3ª pessoa.

- Em que pessoa a crônica **No restaurante** é narrada? Justifique.

....

....

....

2 Explique o uso da 1ª pessoa neste trecho:

— **Eu** estou satisfeito.

....

....

3 Identifique no texto os seguintes elementos da narrativa e registre-os no caderno.

a) O **espaço** (ou **cenário**): local onde ocorrem os fatos narrados. Justifique com um trecho do texto.

b) O **tempo**: momento em que ocorrem os fatos narrados. Justifique com um trecho do texto.

c) Os **personagens**: quem participa da história.

d) A **complicação**: o problema enfrentado pelos personagens.

e) O **desfecho**: a resolução da complicação.

A **crônica literária** é um texto curto, escrito de maneira livre e pessoal. Narra, em linguagem coloquial, histórias inspiradas em fatos do dia a dia, que podem provocar uma reflexão. Geralmente as crônicas são publicadas em jornais, revistas ou na internet e reunidas em livros.

4 Ao longo do texto, são usadas algumas expressões para se referir à menina. Releia algumas delas:

Aquele **anteprojeto** de mulher

A **coisinha** amuou.

- Justifique o uso dessas expressões.

....

....

5 Como reagiram os clientes ao ouvir a discussão entre pai e filha?

....

....

....

6 Que argumentos o pai usou para convencer a menina a concordar com seu ponto de vista? Justifique com trechos da crônica.

....

....

....

7 Os argumentos foram convincentes? Explique.

....

....

....

8 Se você estivesse no lugar do pai, que argumentos você usaria para convencer a menina?

....

....

....

Produção relâmpago

Leitura dramatizada da crônica

1 Vamos fazer a leitura dramatizada da crônica **No restaurante**. Para isso, formem grupos de quatro alunos para representar o narrador e os personagens: o pai, a menina e o garçom. Vejam um exemplo:

Fala da menina *(com firmeza)*:

— Quero lasanha.

Fala do narrador *(com entonação adequada, pausas, suspense, etc.):*

Aquele anteprojeto de mulher — quatro anos, no máximo, desabrochando na ultraminissaia — entrou decidido no restaurante. Não precisava de menu, não precisava de mesa, não precisava de nada. Sabia perfeitamente o que queria. Queria lasanha.

O pai, que mal acabara de estacionar o carro em uma vaga de milagre, apareceu para dirigir a operação-jantar, que é, ou era, da competência dos senhores pais.

Fala do pai *(carinhoso):*

— Meu bem, venha cá.

Fala da menina *(decidida):*

— Quero lasanha.

2 Marquem no texto as falas de cada um e treinem bastante antes de fazer a leitura dramatizada para a turma.

3 Leiam com entonação e tom de voz adequado. Façam pausas, de acordo com a situação, e pronunciem bem as palavras, sem eliminar sílabas.

4 Não se esqueçam de usar expressões faciais, gestos e movimentos do corpo para a leitura ficar mais expressiva.

Ilustra Cartoon/Arquivo da editora

Leitura 2

Em casa, como é a relação com a sua mãe ou com a pessoa que cuida de você? Ela faz muitas perguntas, dá ordens, ensina e aconselha?

E você, o que faz? Concorda, discorda? Também faz muitas perguntas? O que você acha dessa situação?

Leia mais uma crônica literária, agora de Fernando Sabino.

Menino

Menino, vem pra dentro, olha o sereno! Vai lavar essa mão. Já escovou os dentes? Toma a bênção a seu pai. Já pra cama!

Onde é que aprendeu isso, menino? coisa mais feia. Toma modos. Hoje você fica sem sobremesa. Onde é que você estava? Agora chega, menino, tenha santa paciência.

[...]

Avise seu pai que o jantar está na mesa. Você prometeu, tem de cumprir. Que é que você vai ser quando crescer? Não, chega: você já repetiu duas vezes. Por que você está quieto aí? Alguma você está tramando... Não anda descalço, já disse! vai calçar o sapato. Já tomou o remédio? Tem de comer tudo: você acaba virando um palito. Quantas vezes já te disse para não mexer aqui? Esse barulho, menino! seu pai está dormindo. Para com essa correria dentro de casa, vai brincar lá fora. Você vai acabar caindo daí. Pede licença a seu pai primeiro. Isso é maneira de responder a sua irmã? Se não fizer, fica de castigo. Segura o garfo direito. Põe a camisa pra dentro da calça. Fica perguntando, tudo você quer saber! Isso é conversa de gente grande.

Ilustra Cartoon/Arquivo da editora

Ilustra Cartoon/Arquivo da editora

Depois eu te dou. Depois eu deixo. Depois eu te levo. Depois eu conto. Depois.

[...]

Sorvete não pode, você está resfriado. Não sei como você tem coragem de fazer assim com sua mãe. Se você comer agora, depois não janta. Assim você se machuca.

[...]

Ganhou agora mesmo e já acabou de quebrar. Que é que você vai querer no dia de seus anos? Agora não, que eu tenho o que fazer. Não fica triste não, depois mamãe te dá outro. Você teve saudades de mim? Vou contar só mais uma, que está na hora de dormir. Agora dorme, filhinho. Dá um beijo aqui — Papai do Céu te abençoe. Este menino, meu Deus.

A mulher do vizinho, de Fernando Sabino. Rio de Janeiro: Record, 1991.

Quem é?

Alexandre Sassaki/Arquivo da editora

Fernando Tavares Sabino (1923-2004) nasceu em Belo Horizonte, Minas Gerais. Aprendeu a ler com a mãe e tornou-se, desde então, um leitor apaixonado: mais de uma vez chegou em casa com um galo na testa por haver batido com a cabeça em um poste ao caminhar com um livro aberto pelas ruas. Com 12 anos tornou-se locutor de um programa infantil. Participou de concursos literários e obteve seguidos prêmios. Seus textos foram publicados em revistas, jornais e livros. Viajou pelo mundo e escreveu crônicas, contos, romances e roteiros de filmes.

Por dentro do texto

1 Nessa crônica, quem são os **interlocutores**? Ou seja: quem está falando e com quem está falando? Justifique sua resposta.

....

....

....

2 Releia estas falas da mãe:

Menino, vem pra dentro, olha o sereno!

Vai lavar essa mão.

- Essas frases sugerem que a mãe:

☐ Faz perguntas ao menino.

☐ Dá ordens ao filho.

☐ Orienta o menino em alguma ação.

☐ Pede ajuda ao filho.

3 Que características da mãe são reveladas pelas falas a seguir?

a) "Você teve saudades de mim?"

....

b) "Já pra cama!"

....

c) "Segura o garfo direito".

....

4 O que a mãe quis dizer com "Que é que você vai querer no **dia de seus anos**?"

....

....

5 Em sua opinião, as mães de hoje falam as mesmas coisas que a mãe retratada na crônica? Converse com os colegas e o professor.

6 Quando estamos conversando, nem sempre precisamos dizer tudo, pois a pessoa que está ouvindo — nosso interlocutor — é capaz de nos entender. Baseando-se na crônica **Menino**, complete as frases a seguir com o que você acha que a mãe falou para o filho.

a) Se não fizer ...., fica de castigo.

b) Depois eu deixo ....

c) Ganhou .... agora mesmo e acabou de quebrar!

d) Você vai acabar caindo ....

e) Vou contar só mais uma ...., que está na hora de dormir.

7 O menino da crônica é filho único? Justifique sua resposta.

....

....

....

....

8 Ao escrever a crônica, o objetivo do autor foi:

- [ ] Narrar uma história que retrata o cotidiano de uma mãe.
- [ ] Convencer o leitor de que as tarefas maternas são difíceis.
- [ ] Descrever atitudes comuns das crianças em fase de crescimento.
- [ ] Narrar, por meio de frases que reproduzem falas de uma mãe, a relação entre mães e filhos pequenos.

VOCÊ EM AÇÃO

Crônica literária

Você leu um trecho da crônica **Menino**, que reproduz as falas de uma mãe a seu filho. Agora, vai produzir uma crônica com as frases que os filhos mais costumam falar à mãe, ao pai ou aos responsáveis, no dia a dia.

Objetivo da produção: produzir uma crônica literária e fazer a leitura em uma roda.

Público-alvo: colegas da turma, alunos da escola, professores, pais e responsáveis.

Planejando suas ideias

1 Releiam a crônica **Menino** e observem como ela está organizada.

2 Pensem nas frases que vocês mais falam para a mãe, o pai ou os responsáveis, no dia a dia, e respondam às questões abaixo:

- Que perguntas vocês mais costumam fazer às mães, pais ou responsáveis? Usem frases interrogativas.

  ....

- Que pedidos, costumam fazer? Usem frases imperativas.

  ....

- Que críticas e comentários mais fazem a eles? Usem frases declarativas e exclamativas.

  ....

  ....

- O que costumam negar? Usem frases declarativas negativas.

  ....

  ....

Rascunho

1 Organizem as frases registradas no planejamento em uma sequência temporal. Por exemplo, as frases que vocês mais falam de manhã, à tarde e à noite.

2 Lembrem-se de pontuar o texto adequadamente, de acordo com a intenção da fala: pergunta, resposta, repreensão, concordância, desacordo, elogio, etc.

3 Usem as linhas a seguir para fazer o rascunho do texto.

4 Deem um título à crônica.

....

(título)

....

....

....

....

....

....

....

....

....

....

....

....

....

....

Revisando suas ideias

1 Troquem a crônica com a de outra dupla e façam a revisão seguindo o quadro abaixo.

	Sim	Não
As frases que compõem o texto estão de acordo com o tema proposto?		
Foram reproduzidas falas de crianças para suas mães, pais ou responsáveis?		
As frases foram organizadas em uma sequência temporal (dia, noite, etc.)?		
O título tem relação com o texto e o tema proposto?		
A grafia das palavras e a pontuação estão corretas?		

2 Troquem ideias com os colegas da outra dupla sobre o texto deles e ouça o que eles têm a dizer sobre o texto de vocês. Depois, peçam ao professor que os ajudem a melhorar o texto.

Texto final

1 Reescrevam a crônica em uma folha avulsa fazendo as correções que forem necessárias. Não se esqueçam de assiná-la com o nome da dupla. Se quiserem, ilustrem-na.

2 Organizem uma roda para que todas as duplas façam a leitura da crônica que produziram.

3 Em seguida, o professor vai guardar as crônicas, pois elas farão parte de uma antologia que será organizada mais adiante. Aguardem! A crônica será publicada em uma antologia de crônicas e contos, que vocês vão produzir adiante.

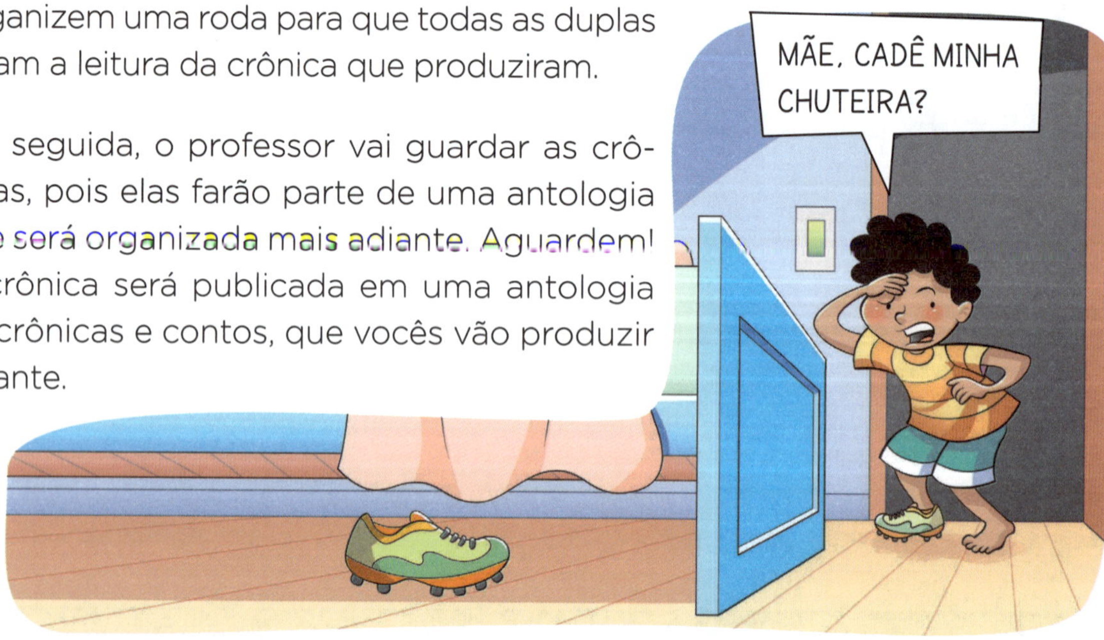

Ilustra: Cartoon/Arquivo da editora

8 CONTO

Leitura 1

Você já ouviu "histórias de pescador"? Sabe que os pescadores costumam "aumentar o tamanho" do peixe que pescaram?

Converse com os colegas sobre isso e, depois, leia o conto a seguir.

A sandália do gigante

À memória de Wander Piroli, baita pescador de histórias, que não deixou os rios morrerem de sede.

Certo dia, Seu Pipi arrumou os **caniços**, as linhas, os anzóis e chamou o filho:

— Pipinho, amanhã vamos pescar!

Pipinho deu pulos de alegria. Era a sua primeira pescaria.

De manhã entraram no jipe e saíram pela estrada afora. Viajaram até um lugar do rio onde, antigamente, Seu Pipi costumava tirar **piaus**, **traíras**, **papa-terras**, **mandis** e, às vezes, até um **dourado** arisco.

Jogaram as linhas e ficaram esperando. De repente a linha de Pipinho se mexeu. Rapidamente, conforme o pai havia explicado, ele puxou a vara.

Surpresa e decepção: na ponta do anzol, balançando, apenas o esqueleto de uma sandália velha, encardida e malcheirosa.

Assim passaram o dia todo. Ao final da tarde contaram os "peixes":

3 garrafas PET de refrigerante

8 latinhas de cerveja

3 carcaças de pneu

11 saquinhos plásticos de supermercado

2 latas de sardinha

1 calção de banho rasgado, e aquela velha sandália velha...

Ilustra Cartoon/Arquivo da editora

Voltaram tristes para casa.

— Nem um **lambarizinho**, meu Deus! O que fizeram com este rio? Quanta poluição!!! — o pai falava, desconsolado.

— Da próxima vez a gente vai viajar pra outro lugar, né, pai?

— Prometo, filho. Nem que eu tenha que revirar a Terra de cabeça pra baixo, ainda vou achar um lugar onde você vai ser "o maior pescador do mundo"!

— O maior pescador do mundo, pai? Não é coisa muito grande pra mim não?

— Tá bem, Pipinho. Então, o maior pescador dessas paragens...

— O que é paragens, pai?

— Os lugares, filho. Os lugares, a região onde vivemos. É esse **fim de mundo** aqui...

— Aqui é o fim do mundo, pai?

Seu Pipi, pra encerrar a **saraivada** de perguntas que, já sabia, iria longe pela tarde adentro, encerrou:

— Olha, meu filho, depois... quando chegarmos em casa, te explico essas coisas, combinado? Por enquanto, só pense nisso: filho de peixe outro peixe é... É ou não é?

— Peixe grande ou peixe pequeno, pai?

O pai, já meio confuso, arrumando as **tralhas**:

— Tá bem, Pipinho. Peixe grande! Repita comigo: filho de peixe grande, peixinho grande é... Ou melhor, peixe de filho grande... Ih, deixa pra lá! Você tá me deixando maluco com tanta pergunta!

E deu um beijo nele, afundando o boné do menino na cabeça. Emendou:

Ilustra Cartoon/Arquivo da editora

— Acho que você ainda vai ser escritor... Ou, pelo menos, um grande contador de **lorotas**! — E antes que ele perguntasse o que era lorota, Seu Pipi já emendou de novo: — Conte essa história para os seus amigos, mas só o que você viu, viu?

No dia seguinte, na porta da escola, quando os amigos perguntaram da pescaria, Pipinho **não deu o braço a torcer**:

— Peixe eu não peguei não, tá? Mas **fisguei** a sandália de um gigante!

— A sandália de um gigante??? — todos indagaram assustados.

— É... E pra tirar ela do rio tivemos que puxar com o jipe.

— Cruz credo! E onde ela está?

— Os pescadores da região pediram ela pra nós...

— Pediram pra quê?

— Pra fazer uma **jangada**.

O papagaio de Van Gogh, de Antonio Barreto. Belo Horizonte: Lê, 2013.

caniço: vara de pescar, geralmente feita de bambu.
fim de mundo: lugar muito distante, longe, isolado.
fisguei: do verbo fisgar: pegar, iscar, prender, capturar o peixe no anzol.
jangada: tipo de barco, embarcação plana, horizontal, geralmente feita com troncos de madeira ou bambus amarrados uns aos outros.
lorota: invencionice, invenção, causo; conversa fiada; enganação, potoca, ficção.
não dar o braço a torcer: expressão popular que tem o significado de 'não voltar atrás'; discordar; insistir na própria opinião; teimar.
piau, traíra, papa-terra, mandi, dourado, lambari: nomes de peixes de água doce, muito comuns nos rios de Minas Gerais.
saraivada: o mesmo que muitas, um monte, grande quantidade de coisas ao mesmo tempo, uma atrás da outra.
tralha: material, apetrecho, ferramenta, objeto (próprio para uma pescaria).

Quem é ?

Ronaldo Almeida/Acervo do autor

Antonio Barreto nasceu em Passos, no estado de Minas Gerais, em 1954. É contista, poeta, romancista, cronista e autor de dezenas de livros infantis, juvenis, didáticos e paradidáticos, a maioria deles com vários prêmios nacionais e internacionais. Entre eles, destacam-se: **Um sapo na barriga**; **A noite é um circo sem lona**; **Livro das simpatias**; **Sapopralá patopracá**; **Orquestra bichofônica**; **O menino que não sonhava só** e **O papagaio de Van Gogh**. Mora em Belo Horizonte e é também um dos autores desta coleção.

Por dentro do texto

1 Os contos podem ser narrados em 1ª ou em 3ª pessoa. Quem está narrando o conto **A sandália do gigante**?

☐ O pai (narrador-personagem), que narra em 1ª pessoa.

☐ O menino (narrador-personagem), que narra em 1ª pessoa.

☐ Alguém que observa as cenas (narrador-observador), narra em 3ª pessoa e não participa da história.

O **conto** é um texto literário em que se narra ou conta uma história, geralmente curta, com poucos personagens. Os contos apresentam início, desenvolvimento e desfecho.

2 Os três primeiros parágrafos do conto apresentam os personagens principais e a situação inicial.

a) Que personagens participam das ações narradas nesse trecho?

....

b) Qual é a situação inicial narrada nesses três parágrafos?

....

....

....

3 Releia os trechos a seguir e observe as expressões destacadas.

Certo dia, Seu Pipi arrumou os caniços [...]

De manhã entraram no jipe e saíram pela estrada afora.

Assim passaram **o dia todo**. **Ao final da tarde** [...]

No dia seguinte, na porta da escola, quando os amigos perguntaram da pescaria [...]

a) As ações narradas no conto duraram quanto tempo? Explique.

....

....

b) O que as palavras e expressões destacadas indicam?

....

4 Em que **espaços** essa história acontece?

....

....

5 Qual foi a **complicação**, ou seja, o problema enfrentado pelos personagens? Justifique com um trecho do conto.

....

....

....

6 Releia o trecho a seguir.

Ao final da tarde contaram os "peixes":

3 garrafas PET de refrigerante

8 latinhas de cerveja

3 carcaças de pneu

11 saquinhos plásticos de supermercado

2 latas de sardinha

1 calção de banho rasgado, e aquela velha sandália velha...

- Por que a palavra **peixes** foi escrita entre aspas?

....

....

....

7 Qual é o momento de maior **suspense** do conto, isto é, o momento de maior expectativa ou curiosidade que a história despertou?

....

....

....

....

8 Explique o **desfecho** do conto, ou seja, a solução do problema.

....

....

....

....

....

9 Qual das alternativas a seguir não está relacionada com o conto?

- [ ] A poluição de um rio.
- [ ] A imaginação fértil de um menino.
- [ ] A amizade entre um pai e um filho.
- [ ] A sinceridade do menino.
- [ ] Os preparativos para uma pescaria.

10 Você acha que é possível existir mesmo uma "sandália de gigante", ou seja, uma sandália tão grande que daria para transformá-la em uma jangada? Por quê? Converse com os colegas e, depois, escreva sua opinião nas linhas a seguir.

....

....

....

Quando o personagem fala diretamente, temos o **discurso direto**. Nesse caso, é necessário usar a pontuação adequada, como o **travessão**.

— Nem um lambarizinho, meu Deus! O que fizeram com este rio? Quanta poluição!!! — o pai falava, desconsolado.

— Da próxima vez a gente vai viajar pra outro lugar, né, pai?

Quando o narrador da história conta o que o personagem falou, temos o **discurso indireto**.

No dia seguinte, na porta da escola, quando os amigos perguntaram da pescaria, Pipinho não deu o braço a torcer [...]

11 Reescreva os trechos a seguir empregando o **discurso indireto**. Faça as adaptações necessárias.

a) "— Acho que você ainda vai ser escritor... Ou, pelo menos, um grande contador de lorotas!"

....

....

....

....

b) "— Peixe eu não peguei não, tá? Mas fisguei a sandália de um gigante!
— A sandália de um gigante??? — todos indagaram assustados.
— É... E pra tirar ela do rio tivemos que puxar com o jipe."

....

....

....

....

....

....

Produção relâmpago → Ilustração de um trecho do conto

1 De qual parte do conto você mais gostou? Descreva-a.

....

....

....

....

....

2 No espaço a seguir, ilustre essa parte do conto com um desenho ou uma colagem.

Leitura 2

No conto a seguir, você vai conhecer Sofia, uma menina muito especial. Ela não gostava de fazer aniversário... Por que será?

Fim de viagem

A casa onde Sofia morava era grande, muito grande. Lá havia brinquedos, um pouco velhos, mas que a ajudavam a passar as horas, os dias, as semanas, os meses. O quarto onde dormia era muito amplo, a cozinha enorme, com uma grande mesa. Havia também muitas outras crianças com quem brincar, a maioria delas bem pequenas, muitas ainda usando fraldas.

O dia de Sofia começava cedo: às seis e meia o sino tocava, estridente, e todas as crianças tinham rapidinho que levantar, escovar os dentes e ir tomar seu café com pão e manteiga no refeitório. As maiores ajudavam as menores, sempre sob os olhares atentos das freirinhas, muito sérias e apressadas.

Sofia tinha 9 anos e odiava fazer aniversário, pois cada ano que passava era uma chance a menos de realizar seu sonho.

Mas naquela manhã a rotina se quebrou: o sino ainda não havia tocado quando a menina acordou com irmã Helena puxando-a pelo braço. Ela deveria trocar-se e ir para o refeitório imediatamente. Acostumada a obedecer sem questionar, Sofia em um instante já estava quietinha no velho e **puído** sofá que ficava de frente para a porta de entrada do orfanato.

A freira superiora chegou com uma sacolinha de plástico nas mãos e, entregando-a a Sofia, disse:

— São suas coisas. Encontramos um lar para você.

O coração de Sofia disparou, a boca secou, as mãos gelaram.

— Mas, olha, não é bem uma família. É uma senhora, jovem ainda, mas viúva, que não teve filhos. Ela custou muito pra conseguir a adoção, queria um mais jovem, mas não conseguiu. Ficou sabendo da sua história. Viu sua foto. Veio aqui e te viu de longe.

O bolo na garganta. Tantas perguntas. Mas a cara fechada da freira não a estimulava a falar.

— Vocês vão ficar uma semana juntas, pra ver se dá certo. [...]

O abraço foi áspero, sem jeito, acompanhado de um "Vá com Deus" sussurrado.

Pela janela da *van* caindo aos pedaços, Sofia ia olhando os postes, as casas modestas, as luzes começando a se apagar, as poucas pessoas andando ligeiras, de cabeças baixas... A cabeça da menina também se abaixou. Meu Deus, não era assim que eu tinha sonhado! Quem seria essa mulher? Só me quis porque não tinha outra? Um bebê, talvez, era o que ela queria?

Com muito custo, não chorou. Resolveu causar uma boa impressão, mesmo que a esperança de que fosse dar certo teimasse em ficar cada vez mais longe.

E quando a viagem parecia que não ia mais terminar, a *van* parou em frente a uma casa branca, pequena, com um jardinzinho de rosas de um lado e uma casinha de cachorro do outro lado da porta. Um portão meio torto, um cadeado velho. Então, era assim... Poderia, sim, ser essa a casa: pequena, modesta, de portão torto. O que interessava era a dona da casa.

E aí ela abriu a porta. Um sorriso tão grande que fechava os olhos, fazendo ruguinhas em volta. Os cabelos compridos, **anelados**, o vestido florido. [...] E branca, muito branca.

Os braços abertos foram ao encontro de Sofia, que se encolheu, desacostumada de carinhos. Mas aqueles braços macios e branquinhos envolveram o corpo moreno e magro da menina. E quando se afastaram um pouco, a face de uma encontrou seu sonho na outra.

Fim de viagem, de Ivone Ribeiro. **Dispersidades**. 25 jan. 2017.
Disponível em: <http://www.dispersidades.com.br/textos/fim-de-viagem/>. Acesso em: 13 fev. 2020.

anelado: encaracolado; que se apresenta em formato de anéis.
puído: desgastado.

Quem é?

Acervo de Ivone Ribeiro/Arquivo da editora

Ivone Ribeiro nasceu em 1959, em Belo Horizonte, no estado de Minas Gerais, de onde traz suas melhores recordações da infância: as brincadeiras de rua, como queimada, pegador de esconder, finca...

Uma das autoras desta coleção, Ivone é também professora de Língua Portuguesa e escreve poemas, crônicas e contos, que publica em seu blogue: <http://dispersidades.com.br>.

Por dentro do texto

1 Nos primeiros parágrafos, o narrador apresenta o cenário e os personagens.

a) Quem é o personagem principal do texto?

....

b) Como era a casa onde esse personagem morava?

....

c) Por que havia tantas crianças morando na mesma casa?

....

2 Por que Sofia odiava fazer aniversário?

....

3 Releia como o conflito é introduzido:

Mas naquela manhã a rotina se quebrou [...]

a) O que aconteceu?

....

....

b) Que instruções Sofia recebeu?

....

c) Qual foi a reação de Sofia ao saber que um lar havia sido encontrado para ela?

....

d) Que informações Sofia recebeu sobre a pessoa que a adotaria?

....

4 Releia o trecho a seguir e converse com os colegas.

O bolo na garganta. Tantas perguntas... Mas a cara fechada da freira não a estimulava a falar.

- Que perguntas você imagina que Sofia gostaria de ter feito?

5 Responda oralmente às questões a seguir.

a) Durante a viagem na *van*, Sofia pensou: "Meu Deus, não era assim que eu tinha sonhado!". Como você acha que era o sonho da menina?

b) Enquanto seguia na *van*, Sofia ficou com vontade de chorar, mas não chorou. Por quê?

6 Ao chegar em frente à casa, o que Sofia sentiu?

☐ Ficou decepcionada, pois a casa era muito velha.

☐ Não se importou com o fato de a casa ser modesta.

☐ Achou a casa bonita.

7 Qual foi a reação da dona da casa ao abrir a porta?

....

....

8 Por que Sofia se encolheu quando a mulher a abraçou?

....

....

9 Releia o desfecho do conto.

E quando se afastaram um pouco, a face de uma encontrou seu sonho na outra.

- Como você interpreta esse desfecho?

VOCÊ EM AÇÃO

Conto

Você vai produzir um conto com o seguinte enredo: uma criança viaja com os pais e se perde em um lugar onde ela nunca esteve antes.

Objetivo da produção: produzir um conto para fazer uma antologia de contos e crônicas.

Público-alvo: alunos da escola e familiares.

Planejando suas ideias

1 Leia o texto a seguir e discuta as questões com os colegas.

Identificação nelas!

Em 2013, mais de 885 crianças se perderam nas praias de São Paulo, de acordo com o setor de Comunicação Social do Grupamento de Bombeiros Marítimo. Por isso mesmo, os bombeiros orientam que os pais — mesmo sem desgrudar os olhos dos filhos — busquem identificá-los enquanto estiverem na praia.

[...]

Disponível em: <https://viajandodireito.com.br/noticias/viagem-para-praia-com-crianca-nao-precisa-acabar-em-perrengue-veja-dicas/>. Acesso em: 19 fev. 2020.

- Qual é o assunto do texto? Ele é grave? Por quê?
- Que conselho os bombeiros dão aos pais?

2 Para planejar sua história, pense nestes elementos:

- os **personagens** (a história será contada em 1ª ou em 3ª pessoa? Qual é o nome da criança? Quantos anos ela tem? Quem a acompanha na viagem? Que outros personagens fazem parte da história?);
- o **início**, o **desenvolvimento** e o **desfecho** (em que lugar se passa a história? Quando ela ocorre? Que problema acontece durante a viagem? Quais as sensações vividas pelos personagens? Como o problema é resolvido?).

Rascunho

1 Escreva a primeira versão do seu conto. Lembre-se de que a história deve ter início, desenvolvimento, complicação e desfecho.

2 Não se esqueça de dar um título ao seu texto.

(título)

Revisando suas ideias

Troque seu texto com o de um colega e faça a revisão seguindo o quadro abaixo:

	Sim	Não
Os elementos da narrativa (personagens, cenário, tempo) estão presentes no conto?		
A narrativa possui início, desenvolvimento das ações, conflito e desfecho?		
As falas dos personagens estão indicadas com travessão?		
O desfecho foi interessante?		
A grafia das palavras e a pontuação estão corretas?		

Texto final

1 Reescreva o conto em uma folha avulsa fazendo as correções necessárias. Não se esqueça do título! Se quiser, ilustre o conto.

2 Depois, seguindo as orientações do professor, a turma vai compor uma antologia, ou seja, um livro reunindo as crônicas produzidas por vocês na seção **Você em ação** anterior e os contos que acabaram de escrever. Para isso, sigam as instruções:

- Reúnam todas as crônicas e organizem-nas em ordem alfabética, de acordo com os títulos. Depois, façam o mesmo com os contos.
- Numerem as páginas e, em uma folha avulsa, façam o sumário.
- Usem um papel grosso para fazer a capa e escolham um título para o livro.

3 Por fim, combinem com o professor uma festa de lançamento da antologia, para a qual poderão convidar colegas de outras turmas e familiares.

Tecnologia para...

CRIAR UM LIVRO DIGITAL

Você e a turma poderão reunir os textos da antologia em um livro no formato digital. Com o auxílio do professor, digitem os textos. As ilustrações podem ser digitalizadas. Depois, postem o livro no *site* ou no blogue da escola.

9 RESENHA

Leitura 1

Quais foram os últimos livros que você leu e filmes a que assistiu? Alguém os recomendou?

Você já leu resenhas que avaliam e indicam a leitura de livros, por exemplo? Onde?

Leia a seguir a resenha de um livro que foi vencedora em um concurso promovido pelo suplemento infantil **Folhinha**.

https://m.folha.uol.com.br/folhinha/2014/10/1530454-vinte-mil-leguas-submarinas-e-como-andar-de-submarino-escreve-pedro-10.shtml

'Vinte mil léguas submarinas' é como andar de submarino

João Vitor Indolfo Marolla, 10

ESPECIAL PARA A FOLHA

11/10/2014 00h01

Um monstro gigantesco, colossal e desconhecido. Ele se desloca muito rápido, tem uma forte cor fosforescente e jorra enormes trombas-d'água, afunda navios com sua força e vai até outros navios para causar estragos maiores.

O professor do Museu de História Natural de Paris, Aronnax, se vê em uma grande aventura, tentando decifrar a identidade do monstro, e criou a hipótese de que seria um enorme **narval**. Narval ou não, conclui que era perigoso, sendo necessária a sua captura.

Uma expedição parte com ordem das autoridades e o rei dos arpoadores. Nem o melhor **arpão** consegue fisgar sua pele, que mais parece aço. O que será essa criatura tão grande e estranha?

Este livro eu indico para todas as pessoas que gostam de ficção científica e aventuras. Essa narrativa percorre vinte mil léguas submarinas, atravessando os oceanos Atlântico, Pacífico, Índico, mar Vermelho, Mediterrâneo e mares Austrais e Boreais. Desvenda mistérios como se estivéssemos a bordo do submarino Nautilus.

Eu me senti participando das aventuras descritas pelo autor. Eu recomendo essa leitura, você não vai conseguir largar o livro até que chegue o final da história.

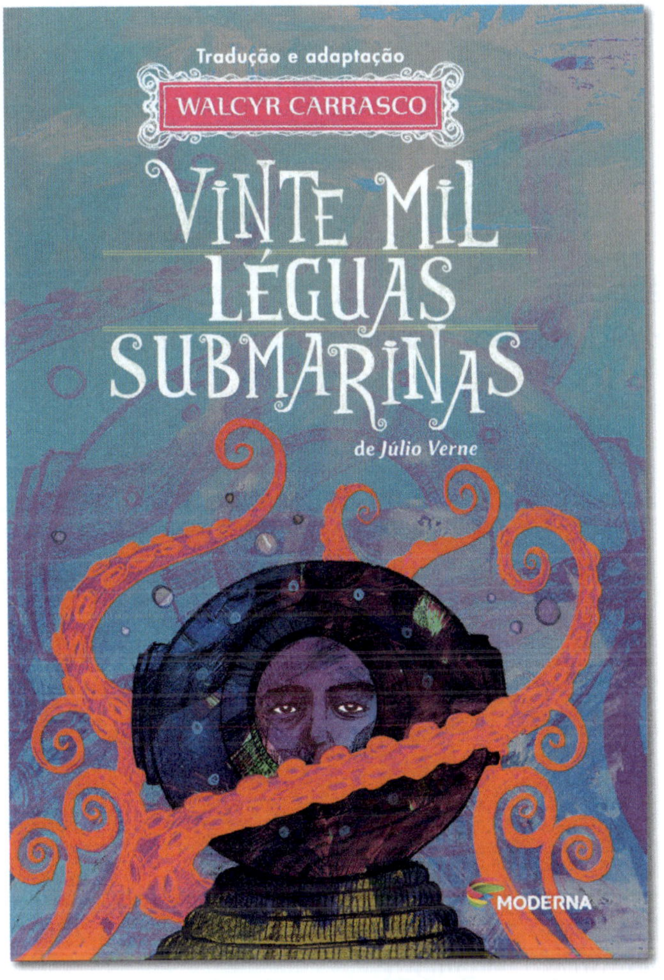

VINTE MIL LÉGUAS SUBMARINAS

AUTOR Júlio Verne (tradução e adaptação Walcyr Carrasco)

EDITORA Moderna

PREÇO R$39

Escrito por Júlio Verne, que é um dos melhores criadores da ficção científica, com a tradução e adaptação de Walcyr Carrasco, membro da Academia Paulista de Letras.

'Vinte Mil Léguas Submarinas' é como andar de submarino, escreve Pedro, 10 , de João Vitor Indolfo Marolla. **Folha de S.Paulo**, São Paulo, 11 out. 2014. Folhinha. Disponível em: <https://m.folha.uol.com.br/folhinha/2014/10/1530454-vinte-mil-leguas-submarinas-e-como-andar-de-submarino-escreve-pedro-10.shtml>. Acesso em: 13 fev. 2020.

arpão: instrumento usado na pesca de peixes de grande porte e de cetáceos, assim como na caça de baleias.
narval: mamífero cetáceo habitante dos mares árticos, de coloração branca e cinza, com até 6 metros de comprimento, sem nadadeira dorsal. Os machos possuem uma longa presa, enrolada em espiral, que se projeta como um chifre.

Por dentro do texto

1 Qual é o objetivo dessa resenha?

2 As resenhas costumam apresentar os dados da obra resenhada para auxiliar em sua identificação. Que dados do livro foram apresentados?

3 Qual é o gênero do livro resenhado?

4 A resenha justifica o nome do livro? Explique.

A **resenha** é um texto que apresenta informações sobre uma obra artística. Tem como objetivo avaliar, de forma positiva ou negativa, um filme, uma peça teatral, um programa de TV, um espetáculo musical, um CD, um livro, uma exposição, etc. Geralmente, as resenhas são publicadas em jornais e revistas impressos ou *on-line*, em blogues, redes sociais, etc.

5 Que personagens são apresentados pela resenha? Explique.

6 As resenhas costumam ser escritas por jornalistas especializados e apresentam a opinião pessoal do redator sobre a obra resenhada. Geralmente, são escritas em 3ª pessoa (ele/ela; eles/elas).

a) Quem escreveu a resenha? Qual é a idade do resenhista?

b) Em que pessoa(s) a resenha foi escrita? Justifique.

c) Na sua opinião, qual das construções usadas no texto (1ª ou 3ª pessoa) é mais eficiente para convencer o leitor a ler **Vinte mil léguas** submarinas? Por quê?

7 Essa resenha é favorável ou desfavorável ao livro? Justifique.

Produção relâmpago — Meu livro preferido

1 Você tem o costume de ler livros? De quais gêneros gosta mais: aventura, suspense, quadrinhos? Qual é o seu livro preferido? Busque informações sobre esse livro e, em seguida, preencha o quadro a seguir:

✓ **Título:** ....

✓ **Autor:** ....

✓ **Data de publicação:** ....

✓ **Assunto do livro:** ....

....

....

....

2 Depois de preencher o quadro, complete o texto:

O livro ....

....,

do autor ...., publicado pela

editora .... no

ano de ...., é bom porque

....

....

....

Leitura 2

Leia mais uma resenha de livro vencedora do concurso promovido pela **Folhinha**.

Já viu pontuação sair do livro? Leia resenha de Camila, 9

Camila Belloro Sanossian, 9

ESPECIAL PARA A FOLHA

11/10/2014 00h01

Você já viu pontuações saírem dos livros? Pois Bruno viu! Era madrugada e ele não conseguia dormir. Já era a segunda vez que a mãe dele tinha entrado no quarto para dizer a ele para ir dormir.

Ele apagou a luz e se enfiou debaixo da coberta, mas ouviu uma voz fina falando que estava cansado de ser um ponto de interrogação! Bruno ficou morrendo de medo, e aí as pontuações saíram do livro e iniciaram uma greve. O protesto também afetou a lição de casa de Bruno.

Bom, já contei um pouco da história do livro. Se você quiser saber o que aconteceu com a lição do Bruno, terá que ler o livro. A obra é voltada para crianças e conta de maneira divertida a importância da pontuação para entender o que está escrito, para se comunicar.

"A REBELIÃO DA PONTUAÇÃO"

AUTOR William Tucci

EDITORA Scipione

PREÇO R$ 31,50

Já viu pontuação sair do livro? Leia resenha de Camila, de Camila Belloto Sanossian, 9. **Folha de S.Paulo**, São Paulo, 11 out. 2014. Folhinha. Disponível em: <https://www1.folha.uol.com.br/folhinha/2014/10/1530467-ja-viu-pontuacao-sair-do-livro-leia-resenha-de-camila-9.shtml>. Acesso em: 13 fev. 2020.

Por dentro do texto

1 Quem escreveu essa resenha?

....

2 Escreva os elementos que a resenha apresenta.

a) Personagens: ....

....

b) Enredo: ....

c) Cenário e tempo: ....

3 Que trecho do texto transmite a opinião da resenhista?

....

....

....

4 A quem é dirigida esta pergunta? Por quê?

Você já viu pontuações saírem dos livros?

....

....

5 Converse com os colegas e o professor sobre as questões a seguir.

a) Que outros recursos a resenhista empregou para atrair o interesse do leitor para o livro que ela resenhou?

b) A resenha convenceu você a ler o livro? Por quê?

VOCÊ EM AÇÃO

Resenha

Você leu duas resenhas de livros. Agora vai produzir uma resenha para compor um "Catálogo dos livros preferidos da turma".

Objetivo da produção: produzir a resenha de um livro e organizar um "Catálogo dos livros preferidos da turma" para compor o acervo da biblioteca.

Público-alvo: alunos da escola.

Planejando suas ideias

Retome as informações sobre seu livro preferido, que você reuniu na seção **Produção relâmpago**, e registre-as no espaço a seguir.

1. Dados principais

Título da obra:

....

Nome do autor:

....

Tradutor/adaptador (se houver):

....

Editora:

....

Preço:

....

Biblioteca onde o livro pode ser encontrado (se souber):

....

2. Resumo da obra

3. Características da obra

4. Argumentos para indicar a obra

Rascunho

Usando as anotações feitas no planejamento, siga as orientações abaixo para redigir o rascunho na próxima página.

- No primeiro parágrafo, apresente um resumo da obra destacando o que acha mais interessante no livro escolhido. Você pode usar o recurso do suspense, mas não deve contar o desfecho da história.
- No segundo parágrafo, descreva as características de um personagem importante ou do cenário em que se passam os acontecimentos. Você também pode destacar, por exemplo, características do gênero da obra (romance, policial, mistério, ficção científica, aventura, etc.).
- No terceiro parágrafo, apresente os aspectos do livro que o levam a recomendar sua leitura.
- Você pode ainda narrar os sentimentos que experimentou ao ler a obra (em 1ª ou em 3ª pessoa); se quiser, use frases interrogativas para interagir com o leitor.
- Dê um título atraente para sua resenha.

Ilustra Cartoon/Arquivo da editora

(título)

Revisando suas ideias

Troque sua resenha com a de um colega e faça a revisão seguindo o quadro abaixo.

	Sim	Não
A resenha apresenta um resumo da obra, sem revelar o desfecho da história?		
O texto apresenta as características de algum personagem ou do cenário?		
A resenha apresenta as principais características da obra?		
Foram destacados os aspectos que o levaram a eleger a obra como sua preferida?		
A resenha apresenta os dados da obra para auxiliar na identificação (título, autor, editora, preço [se souber])?		
O título tem relação com a resenha?		
O texto informa o gênero da obra (romance, policial, mistério, ficção científica, aventura, etc.)?		
A grafia das palavras, a concordância, a pontuação, a acentuação e a apresentação estão adequadas?		

Texto final

1 Reescreva sua resenha em uma folha à parte fazendo as correções que forem necessárias. Tire uma cópia reduzida da capa do livro e cole-a ao lado do texto.

2 No final, escreva os dados da obra.

3 Com a orientação do professor, reúnam as resenhas de todos os alunos da classe e organizem o "Catálogo dos livros preferidos da turma" para compor o acervo da biblioteca.

Ilustra Cartoon/Arquivo da editora

UNIDADE 4

É O BICHO!

Entre nesta roda

- Como as crianças e os animais estão interagindo?
- Que elementos da cena sugerem que os animais estão sendo bem cuidados?
- Que outros cuidados com os animais são necessários?
- Você tem algum animal de estimação? Se sim, conte aos colegas o que você mais gosta de fazer com ele.

Nesta Unidade vamos estudar...

- Texto de divulgação científica
- Fábula
- História em quadrinhos

Nicolas Maia/Arquivo da editora

10 TEXTO DE DIVULGAÇÃO CIENTÍFICA

Leitura 1

Você já deve ter escutado que o cão é o melhor amigo do homem, certo? A aproximação entre o cão e o ser humano se deu há muito tempo. Mas você imagina como isso aconteceu?

Leia este texto de divulgação científica, publicado na revista **Ciência Hoje das Crianças**.

Amizade duradoura

Quem tem um cãozinho em casa sabe: os cachorros adoram fazer cara de coitados para ganhar um pouquinho da comida de seu dono! A estratégia não é nova e, segundo cientistas, foi por causa justamente da partilha de alimentos que ganhamos nossos amigos caninos.

Quem lê a CHC já sabe que os cães são descendentes de lobos-cinzentos domesticados há milhares de anos. Embora existam várias teorias para explicar como ocorreu essa domesticação e, mais tarde, o surgimento dos cães modernos, todas elas concordam que os alimentos tiveram um papel fundamental na aproximação entre lobos e seres humanos.

Holly Kuchera/Shutterstock

Os cães atuais são descendentes de lobos-cinzentos domesticados há milhares de anos.

PublicDomainPictures/https://pixabay.com/

Embora cachorros e lobos pertençam à mesma espécie, possuem algumas diferenças genéticas. Uma delas é que, nos cães, os genes responsáveis pela fabricação das enzimas que digerem o amido estão presentes em maior quantidade.

"Achados genéticos e arqueológicos sugerem que a domesticação dos cães começou cerca de 10 ou 15 mil anos atrás, mas pode ter sido bem mais cedo", afirma o biólogo Erik Axelsson, da Universidade de Upsala, na Suécia. Em seus estudos, ele sugere que a capacidade de digerir amido – presente em alimentos humanos como batata e pão – pode ter sido a chave para separar os cães dos lobos.

Quando os primeiros lobos começaram a viver junto aos humanos, tiveram acesso a mais comida e com menos gasto de energia. O alimento disponível, porém, era diferente do que eles consumiam na natureza, onde seguiam uma dieta basicamente carnívora. A nova dieta incluía bastante amido, e nem todos os lobos eram capazes de digeri-lo.

Mas, segundo a hipótese de Erik, alguns lobos possuíam características genéticas que deixavam seu corpo mais preparado para digerir essa substância. Eles estavam, portanto, mais adaptados à vida entre os humanos.

"Possivelmente, os lobos cujo sistema digestivo permitia fazer um uso eficiente de restos deixados por humanos cresceram mais fortes e tiveram mais descendentes", explica Erik. Esses lobos, então, teriam permanecido ao lado dos humanos e dado origem aos cães atuais – inclusive ao seu cachorrinho de estimação!

Ciência Hoje das Crianças. 25 mar. 2013. Disponível em: <http://chc.org.br/amizade-duradoura/>. Acesso em: 14 fev. 2020.

Por dentro do texto

1 Esse texto foi publicado no *site* da revista **Ciência Hoje das Crianças**. Para qual público ela é dirigida?

....

Os **textos de divulgação científica** têm a função de levar aos leitores informações sobre pesquisas realizadas por cientistas e pesquisadores que trabalham em laboratórios ou em centros de pesquisa e ciência. Para facilitar a compreensão dos assuntos científicos, esses textos apresentam linguagem acessível. São escritos geralmente por jornalistas e são publicados em revistas, jornais e portais de internet voltados à divulgação de informações.

2 No texto lido, quem sugere que a partilha de alimentos pode ter sido responsável pela relação de amizade entre cães e seres humanos?

....

3 Que pistas sugerem que a domesticação dos cães começou cerca de 10 ou 15 mil anos atrás?

....

....

4 Quem afirma que a domesticação dos cães pode ter se dado antes de 10 ou 15 mil anos atrás? Onde essa pessoa trabalha?

....

....

5 Quando começaram a viver com os seres humanos, qual foi a principal mudança no hábito alimentar e de vida pela qual os lobos passaram?

....

....

6 **Hipótese** é uma suposição, uma possibilidade. É a partir dela que o pesquisador dá início ao seu trabalho de investigação. No texto, um pesquisador faz uma importante suposição, ou seja, ele formula uma hipótese para tentar compreender como os lobos deram origem aos cães.

- Qual é essa hipótese?

7 Para facilitar a compreensão do leitor, o texto apresenta uma explicação para a palavra **amido**. Como é feita essa explicação?

....

....

....

....

8 Os **textos de divulgação científica** são produzidos para que o público em geral possa saber mais a respeito das descobertas e pesquisas que os cientistas realizam. Assinale as alternativas que expressam informações presentes no texto de divulgação científica que você leu.

- [ ] A alimentação teve pouca importância na aproximação entre lobos e seres humanos.
- [ ] A alimentação foi fundamental para a aproximação entre lobos e seres humanos.
- [ ] O relacionamento entre cães e seres humanos começou há cerca de 10 ou 15 mil anos.
- [ ] O relacionamento entre cães e seres humanos é recente.
- [ ] Segundo o pesquisador, os cães modernos descendem dos lobos que eram capazes de digerir o amido.
- [ ] Nenhum lobo conseguia digerir o amido presente na alimentação humana.

Leitura 2

Leia outro texto de divulgação científica.

Gambá amigo

Pequeno mamífero beneficia fazendas e biodiversidade

Ao se alimentar de uma praga da soja, o pequeno gambá cuíca-graciosa (*Gracilinanus agilis*) mostra como preservar a paisagem do cerrado brasileiro beneficiando fazendas e biodiversidade.

André Mendonça abre a portinhola com mola de uma armadilha do tamanho de uma caixa de sapatos e espia lá dentro.

Dois olhos negros esbugalhados e brilhantes se fixam diretamente nele.

Mendonça tira a armadilha do galho da árvore e joga a criatura atordoada, completamente encharcada (molhada), em um saco plástico transparente. "Mais um!", comemora, animado.

A cuíca-graciosa, também chamada catita ou guaiquica, tem um nariz longo e pontudo, adoráveis orelhas cor-de-rosa e pernas delgadas desprovidas de pelos.

Gambá cuíca-graciosa.

Mendonça, um pesquisador de **pós-doutorado** da Universidade de Brasília, pesa e mede o animal, fura suas orelhas e coloca dois "brincos de identificação" de metal. Em seguida, solta o gambá e observa como o animal escala uma árvore.

O palco de todo esse pequeno drama é o Jardim Botânico de Brasília, a poucos quilômetros do centro da capital nacional.

O pesquisador salienta que preservar a paisagem do cerrado brasileiro não é apenas bom para a biodiversidade, mas também para fazendas e fazendeiros vizinhos.

Recentemente, cientistas descobriram que essa pequena espécie de gambá gosta de se **banquetear** em uma praga da soja local.

"Se fazendeiros mantiverem uma área natural [arborizada] perto de suas plantações de soja, onde esses animais possam viver, talvez não tenham de utilizar tantos **pesticidas**", argumenta Mendonça.

[...]

Em 2013, a equipe descobriu que a espécie, um dos menores **marsupiais** do mundo, com comprimento total entre 20 e 25 centímetros, dos quais mais da metade é representada pela cauda, tem uma predileção especial pelo percevejo-marrom-da-soja (*Euschistus heros*).

banquetear: comer magnificamente.
marsupial: ordem de mamíferos que, entre outras características, possuem marsúpio (bolsa abdominal que recobre as glândulas mamárias e oferece abrigo aos filhotes recém-nascidos).
pesticida: substância, produto (geralmente químico) utilizado para combater pragas.
pós-doutorado: título universitário obtido por uma pessoa (estudioso, cientista) que já tem o título de doutor.

Fabio Colombini/Acervo do fotógrafo

Percevejo-marrom-da-soja.

Essa praga responde por até 30% dos danos a essa cultura na região durante a estação da seca

Os pesquisadores encontraram resquícios desses insetos em mais de 50% das amostras de fezes de gambás que examinaram, de acordo com o estudo que publicaram no periódico científico *Acta Theriologica*.

"O inseto vem para o cerradão [floresta] quando ainda não é época de soja e é aí que os gambás os consomem", explicou Vieira [Emerson Vieira, supervisor de Mendonça].

Agora, ele e Mendonça estão planejando estudos mais focados para determinar a eficácia com que os gambás controlam as pragas.

Se os resultados continuarem sendo positivos, isso poderia ser mais uma boa razão para fazendeiros, agroeconomistas e outros quererem preservar a espécie e seu habitat no Brasil central.

Scientific American Brasil. 10 abr. 2015. Disponível em: <http://sciam.uol.com.br/gamba-amigo/>. Acesso em: 14 fev. 2020.

Elio Rizzo/FuturaPress

Plantação de soja em Brasília (DF), 2011.

Por dentro do texto

1 Quais nomes são utilizados no texto para se referir ao gambá?

2 Entre os termos que você listou na atividade anterior, um deles é o nome científico do animal. Identifique-o.

3 Segundo o texto, quem é André Mendonça?

4 Por que no texto é dito que o gambá viveu um pequeno drama?

5 O texto apresenta uma descoberta científica sobre essa espécie de gambá. Qual é essa descoberta?

6 Segundo os pesquisadores, como esse gambá seria útil às fazendas e aos fazendeiros do Cerrado brasileiro?

....

....

....

....

7 Como os pesquisadores chegaram à conclusão de que esse gambá tem uma predileção pelo percevejo-marrom-da-soja?

....

....

....

8 Por que foi dado o título **Gambá amigo** ao texto?

....

....

....

....

....

....

9 Na sua opinião, é possível considerar o gambá um amigo do ser humano? Por quê? Converse com os colegas e o professor e registre suas conclusões nas linhas abaixo.

....

....

....

....

Produção relâmpago
Pesquisa

Nesta atividade você deverá investigar, a partir dos nomes científicos dados a seguir, o nome popular de cada animal. Depois, que tal ilustrar esta atividade com desenhos ou fotos dos animais?

a) *Furnarius rufus*

b) *Passer domesticus*

c) *Leontopithecus rosalia*

d) *Apis mellifera*

VOCÊ EM AÇÃO

Texto de divulgação científica

Depois de ler e conhecer informações científicas a respeito de alguns animais, é hora de você escrever um texto de divulgação científica. Ele fará parte de uma revista de divulgação científica da turma.

> **Objetivo da produção:** produzir um texto de divulgação científica a respeito de um animal para compor uma revista.
>
> **Público-alvo:** alunos e professores da escola.

Planejando suas ideias

Para produzir seu texto, pesquise e escolha um animal exótico, ou pouco conhecido. Seguem, abaixo, algumas sugestões:

- dragão-marinho (*Trachinusdraco*)
- baiacu-de-espinho (*Chilomycterus spinosus*)
- macaco-narigudo (*Nasalis larvatus*)
- ocapi (*Okapia johnstoni*)
- bodião-azul (*Scarus coeruleus*)

Depois de escolher um animal, pesquise as informações a seguir.

1. Os nomes científico e popular do animal.

....

2. O local onde ele vive.

....

....

3. As características físicas.

....

....

4. O tipo de alimentação.

5. O tempo médio de vida.

6. Curiosidades ou características que o diferencie de outros animais.

Rascunho

Depois de registrar as informações sobre o animal, faça o rascunho de seu texto no caderno. Siga as instruções:

- No **1º parágrafo**, reúna as informações que você anotou nos itens 1 e 2. Se souber, informe também se esse animal pode ou não ser encontrado no Brasil.
- No **2º parágrafo**, descreva as características físicas do animal, o tipo de alimentação e o tempo médio de vida.
- No **3º parágrafo**, exponha algumas curiosidades sobre o animal.
- No **4º parágrafo**, você pode finalizar dizendo se é uma espécie ameaçada de extinção. Se sim, cite as principais causas e apresente uma solução.
- Pesquise uma imagem do animal e escreva uma legenda para ela.
- Dê um título bem interessante ao texto.

Revisando suas ideias

1 Retome as instruções do **Rascunho**, para saber se você não se esqueceu de algum detalhe em seu texto. Em seguida, faça a revisão seguindo o quadro abaixo.

	Sim	Não
O animal escolhido é exótico ou pouco conhecido?		
O texto está organizado de acordo com as instruções do **Rascunho**?		
As informações estão bem explicadas?		
O texto tem título?		
A pontuação e a grafia das palavras estão corretas?		

2 Peça ao professor que leia seu texto e lhe ajude a melhorá-lo.

Texto final

1 Reescreva a versão final do seu texto fazendo as modificações que forem necessárias.

2 Não se esqueça de colocar o título, inserir a(s) imagem(ns) para ilustrar o texto e a(s) legenda(s).

3 Depois de pronto, entregue seu texto ao professor, que vai juntá-lo ao outros textos para compor a revista de divulgação científica da turma.

4 Siga as orientações do professor e, com os colegas, faça a capa e o sumário da revista.

5 A revista poderá circular na sala de aula, para que todos possam ler os textos produzidos e também ficar disponível na biblioteca, para que alunos e professores da escola possam conhecê-la.

Ilustra Cartoon/Arquivo da editora

11 FÁBULA

Leitura 1

Você vai ler a seguir uma fábula recontada por Monteiro Lobato. Ela faz parte do livro **Fábulas**, que reúne muitas histórias narradas de uma forma bem divertida. Nesse livro, Dona Benta, personagem do Sítio do Picapau Amarelo, também criada por Monteiro Lobato, narra essa e outras fábulas para Narizinho, Emília, Pedrinho e outros personagens do sítio. Por isso, é comum aparecerem nas histórias diálogos entre esses personagens e Dona Benta. Eles opinam e apreciam as histórias ouvidas.

Agora, que tal dar a sua opinião ao final da fábula?

A cigarra e as formigas

I – A formiga boa

Houve uma jovem cigarra que tinha o costume de **chiar** ao pé de um formigueiro. Só parava quando cansadinha; e seu divertimento então era observar as formigas na eterna **faina** de abastecer as **tulhas**.

Ilustrações: Ilustra Cartoon/Arquivo da editora

Mas o bom tempo afinal passou e vieram as chuvas. Os animais todos, arrepiados, passavam o dia cochilando nas tocas.

A pobre cigarra, sem abrigo em seu galhinho seco e metida em grandes apuros, deliberou socorrer-se de alguém.

Manquitolando, com uma asa a arrastar, lá se dirigiu para o formigueiro. Bateu — tique, tique, tique...

Aparece uma formiga friorenta, embrulhada num xalinho de paina.

chiar: emitir chiados, caracterizados como sons agudos produzidos por alguns insetos, grilos e cigarras, por exemplo.
faina: atividade árdua que se estende por muito tempo.
manquitolar: andar coxeando, mancando.
tulha: depósito; o mesmo que celeiro.

— Que quer? — perguntou, examinando a triste mendiga suja de lama e a tossir.

— Venho em busca de agasalho. O mau tempo não cessa e eu...

A formiga olhou-a de alto a baixo.

— E que fez durante o bom tempo, que não construiu sua casa?

A pobre cigarra, toda tremendo, respondeu depois de um acesso de tosse:

— Eu cantava, bem sabe...

— Ah!... exclamou a formiga recordando-se. — Era você então quem cantava nessa árvore enquanto nós **labutávamos** para encher as tulhas?

— Isso mesmo, era eu...

— Pois entre, amiguinha! Nunca poderemos esquecer as boas horas que sua cantoria nos proporcionou. Aquele chiado nos distraía e aliviava o trabalho. Dizíamos sempre: que felicidade ter como vizinha tão gentil cantora! Entre, amiga, que aqui terá cama e mesa durante todo o mau tempo.

A cigarra entrou, sarou da tosse e voltou a ser a alegre cantora dos dias de sol.

II – A formiga má

Já houve, entretanto, uma formiga má que não soube compreender a cigarra e com dureza a repeliu de sua porta.

Foi isso na Europa, em pleno inverno, quando a neve recobria o mundo com o seu cruel manto de gelo.

A cigarra, como de costume, havia cantado sem parar o estio inteiro, e o inverno veio encontrá-la desprovida de tudo, sem casa onde se abrigar, nem folhinhas que comesse.

Ilustrações: Ilustra Cartoon/Arquivo da editora

Desesperada, bateu à porta da formiga e implorou — emprestado, notem! — uns miseráveis restos de comida. Pagaria com juros altos aquela comida de empréstimo, logo que o tempo o permitisse.

Mas a formiga era uma **usurária** sem entranhas. Além disso, invejosa. Como não soubesse cantar, tinha ódio à cigarra por vê-la querida de todos os seres.

labutar: trabalhar.
usurário: que não é generoso; mesquinho, sovina.

— Que fazia você durante o bom tempo?

— Eu... eu cantava!

— Cantava? Pois dance agora, vagabunda! — e fechou-lhe a porta no nariz.

Resultado: a cigarra ali morreu **entanguidinha**; e quando voltou a primavera o mundo apresentava um aspecto mais triste. É que faltava na música do mundo o som estridente daquela cigarra morta por causa da avareza da formiga. Mas se a usurária morresse, quem daria pela falta dela?

Os artistas — poetas, pintores, músicos — são as cigarras da humanidade.

— Esta fábula está errada! — gritou Narizinho. — Vovó nos leu aquele livro do **Maeterlinck** sobre a vida das formigas — e lá a gente vê que as formigas são os únicos insetos caridosos que existem. Formiga má como essa nunca houve.

Dona Benta explicou que as fábulas não eram lições de História Natural, mas de Moral.

— E tanto é assim — disse ela — que nas fábulas os animais falam e na realidade eles não falam.

— Isso não! — protestou Emília. — Não há animalzinho, bicho, formiga ou pulga que não fale. Nós é que não entendemos as linguinhas deles.

Dona Benta aceitou a objeção e disse:

— Sim, mas nas fábulas os animais falam a nossa língua e na realidade só falam as linguinhas deles. Está satisfeita?

— Agora, sim! — disse Emília muito **ganjenta** com o triunfo. — Conte outra.

Fábulas, de Monteiro Lobato. São Paulo: Globo, 2008.

entanguidinho: encolhidinho pelo frio.
ganjento: cheio de soberba, vaidoso.
Maeterlinck: importante escritor belga, nascido no ano de 1862.

Quem é?

Acervo Iconographia/Reminiscências

Monteiro Lobato nasceu em Taubaté, no estado de São Paulo, em 1882. É um dos principais escritores de literatura infantil do Brasil. Entre suas mais famosas obras estão: **Reinações de Narizinho** (1931), **Caçadas de Pedrinho** (1933) e **O Picapau Amarelo** (1939).

Por dentro do texto

1 A fábula que você leu se divide em duas partes. Identifique-as.

....

2 Retome a leitura da parte I da fábula e numere os fatos na ordem em que ocorreram.

- [ ] A cigarra pediu ajuda.
- [ ] A formiga ajudou a cigarra.
- [ ] O bom tempo passou e vieram as chuvas.
- [ ] Uma jovem cigarra chiava ao pé de um formigueiro.
- [ ] Uma formiga friorenta quis saber o que a cigarra tinha feito durante o bom tempo.

3 De acordo com a parte I, qual era o divertimento da cigarra?

....

....

4 Releia a parte II da fábula e responda:

a) Em que lugar ocorrem os fatos?

....

b) Como o tempo em que os fatos ocorrem é caracterizado no texto?

....

....

....

5 O que você achou da atitude de cada uma das formigas, a boa e a má?

....

....

....

6 Que argumentos a cigarra poderia usar para convencer a formiga má a ajudá-la?

....

....

....

7 Releia este trecho da fábula.

— Venho em busca de agasalho. O mau tempo não cessa e eu...

a) Como você acha que a cigarra se sentia nesse momento?

....

....

....

b) Que informação poderia ser dada no lugar das reticências?

....

....

....

c) Que efeito de sentido o uso das reticências provoca no texto?

....

....

....

....

A **fábula** é um texto literário em que os personagens, geralmente, são animais com características e comportamentos humanos. As fábulas podem ser escritas em prosa ou em verso e costumam apresentar um ensinamento, a moral da história.

8 De acordo com a definição de **fábula** e as características do texto que você leu, marque as alternativas que explicam adequadamente o que é uma fábula.

- [ ] Os personagens que mais frequentemente aparecem nas fábulas são os animais, que se comportam como seres humanos.
- [ ] As fábulas têm o objetivo de levar o leitor a refletir sobre determinado assunto e podem apresentar uma moral da história.
- [ ] As fábulas só podem ser escritas em verso.

9 No texto, como as falas dos personagens são indicadas?

....

....

10 Ao final da fábula, Narizinho diz:

Esta fábula está errada!

- Como ela justifica essa afirmação?

....

....

....

11 Releia:

Os artistas — poetas, pintores, músicos — são as cigarras da humanidade.

- O que você entendeu desse trecho? Converse com os colegas e o professor sobre o significado dele.

Produção relâmpago — Reescrita de tirinha

1 Leia esta tirinha, inspirada na fábula **A cigarra e as formigas**.

Níquel Náusea, de Fernando Gonsales. **Folha de S.Paulo**, São Paulo, 2 abr. 2006. Ilustrada.

- Converse com os colegas:

a) Qual foi a condição imposta pelas formigas para darem abrigo para a cigarra?

b) O que provoca humor nessa tirinha?

c) O texto que aparece no topo do primeiro quadrinho é uma fala? Explique.

2 Agora reescreva a tirinha em prosa, assim como a fábula que você leu. Use travessão para indicar as falas dos personagens.

Leitura 2

Você já leu que os cães são descendentes dos lobos, certo? Mas você acha que um cão e um lobo podem ser amigos, mesmo um sendo silvestre e o outro, domesticado?

Leia a fábula a seguir.

O cão e o lobo

Um cão estava passeando pela floresta quando topou com um lobo magro. Aos poucos os dois fizeram amizade.

— Puxa, cachorro! Como você está gordo e bem tratado...

— É que eu tenho um dono. Meu dono me dá três boas refeições por dia, escova meu pelo, me dá uma casa de madeira... Em troca disso, pede que eu lhe guarde a casa dos assaltantes e lhe faça uns agrados de vez em quando.

— Só isso? Mas deve ser maravilhoso ter um dono — concluiu o lobo.

Ilustra Cartoon/Arquivo da editora

O cão então convenceu o lobo a acompanhá-lo, certo de que seu dono gostaria de ter mais um animal de estimação.

Os dois andaram por um certo tempo, até que o lobo percebeu uma coleira no cachorro.

— O que é isso? — perguntou o lobo.

— Ah, isto é uma coleira. Às vezes, meu dono se irrita e me prende numa corrente. Mas é por pouco tempo, logo eu estou solto de novo.

O lobo parou, pensou um pouco... e voltou atrás. De longe, ainda falou para o cachorro:

— Não, cachorro. Não sirvo para essa vida. Eu sei que mais vale a liberdade com fome do que o luxo na prisão.

Sete faces da fábula, de Marcia Kupstas (projeto e orientação literária). São Paulo: Moderna, 1992.

Ilustra Cartoon/Arquivo da editora

Por dentro do texto

1 Coloque **V** para as alternativas verdadeiras e **F** para as falsas.

☐ O lobo e o cão ficaram amigos à primeira vista.

☐ O lobo estava faminto e o cão estava gordo e bem tratado.

☐ A princípio, o lobo não gostou das obrigações do cão para com seu dono.

☐ Antes de ver a coleira, o lobo pensou que o dono do cão era ótimo.

☐ O lobo concordou em ir morar com o cão.

2 O que o cão recebia de seu dono?

....

....

3 Quais eram as obrigações do cão para com o seu dono?

....

....

4 A que conclusão o lobo chegou após a explicação que o cão deu para o uso da coleira?

....

....

5 A respeito da moral dessa fábula, responda:

a) O que o cão valoriza?

....

b) E o que o lobo valoriza?

....

c) Com qual dos pontos de vista você concorda? Por quê? Converse com os colegas e o professor.

6 Assinale os provérbios que poderiam ser a moral da fábula **O cão e o lobo**.

- [ ] Mais vale um pássaro na mão do que dois voando.
- [ ] Mais vale ter um pouco e ser livre do que ter muito e ser escravo.
- [ ] As aparências enganam.
- [ ] Água mole em pedra dura tanto bate até que fura.

7 Por que o lobo compara a vida do cão a uma prisão?

....

....

....

....

- Em sua opinião, o cão se sente em uma prisão?

....

....

....

....

8 Você tem ou conhece alguém que tenha um cão de estimação? Como ele é tratado? Conte para os colegas e o professor.

VOCÊ EM AÇÃO

Fábula

Agora você vai produzir uma fábula. Seu texto, junto com o dos colegas, fará parte de um livro de fábulas da turma.

Objetivo da produção: criar uma fábula para compor o "Livro de fábulas da turma".

Público-alvo: alunos da escola, amigos e familiares.

Planejando suas ideias

1 Pesquise alguns provérbios e escreva-os no caderno.

2 Escolha um dos provérbios e escreva-o abaixo. Você vai criar uma fábula em que o provérbio escolhido seja a moral da história. Converse com o professor sobre o significado dele.

....

....

....

Rascunho

No caderno, faça o rascunho do seu texto. Siga as orientações abaixo para planejar sua produção.

- Imagine o que os personagens fazem, o que acontece com eles, qual é o problema que enfrentam e como esse problema é resolvido.
- A solução do problema (no final do texto) deve estar de acordo com a história narrada e com a moral da história (o provérbio).
- A fábula deve ser narrada em 3ª pessoa (ele/ela; eles/elas). As falas dos personagens devem ser indicadas com travessão.

Revisando suas ideias

1 Troque seu texto com o de um colega e faça a revisão seguindo o quadro abaixo.

	Sim	Não
A fábula tem título?		
Os personagens são animais e agem como seres humanos?		
As falas dos personagens estão indicadas com travessão?		
O desfecho está adequado à situação vivida pelos personagens?		
A moral da fábula está de acordo com os fatos narrados?		
A grafia das palavras e a pontuação estão corretas?		

2 Depois, troque ideias com o colega sobre a fábula dele e apresente sugestões para melhorá-la. Ouça o que o colega tem a dizer sobre a sua fábula. Peça também ao professor que leia seu texto e o oriente a respeito das correções.

Texto final

1 Em uma folha à parte, reescreva a sua fábula fazendo as modificações necessárias. Se quiser, ilustre-a.

2 Depois de pronta, entregue-a ao professor. Ele vai organizar todas as fábulas em ordem alfabética e numerar as páginas para compor o "Livro de fábulas da turma".

3 Reúna-se com os colegas em dois grupos e siga as orientações do professor para fazer o sumário e a capa do livro.

4 Depois, organizem com o professor uma festa de lançamento do "Livro de fábulas da turma", para a qual vocês poderão convidar colegas de outras turmas, familiares e amigos.

Ilustra Cartoon/Arquivo da editora

12 HISTÓRIA EM QUADRINHOS

Leitura 1

Você gosta de ler histórias em quadrinhos? Qual é o seu personagem preferido? Leia esta HQ do Pato Donald, famoso personagem criado por Walt Disney.

Reprodução/The Walt Disney Company Latin America

O Globo, Rio de Janeiro, 3 ago. 2003. Globinho.

Quem é?

GAB ARchive/Redferns/Getty Images

Walt Disney nasceu em Chicago, nos Estados Unidos, em 1901, e morreu em 1966. Ainda jovem, começou a trabalhar como desenhista de cartazes para cinema. Mais tarde, produziu animações apresentadas antes do início dos filmes. Em 1928, criou o rato Mickey, seu grande sucesso. Nos anos seguintes, vários outros personagens surgiram nos quadrinhos publicados em revistas e jornais: Pato Donald, Minnie, Pateta, Pluto, Tio Patinhas, entre outros. Em 1937, realizou o primeiro filme animado da história do cinema: **Branca de Neve e os sete anões**. Seguiram-se, então, muitas outras produções.

Por dentro do texto

1 Como essa história em quadrinhos é contada?

☐ Pela sequência das imagens dos quadrinhos.

☐ Pela fala dos personagens nos balões.

2 Como você conseguiu entender as cenas?

3 O que o Pato Donald está fazendo?

....

4 Quantas cenas tem a história? Que título você daria a ela?

....

....

5 Que detalhes da HQ nos permitem saber que:

a) Pato Donald está brincando durante o dia?

....

....

b) Pato Donald está em movimento?

....

....

....

A **história em quadrinhos**, ou HQ, é uma história contada por meio de desenhos, distribuídos em uma série de quadros, com falas e pensamentos dentro de balões. As HQs também podem apresentar onomatopeias e símbolos.

6 **Onomatopeias** são palavras que reproduzem sons. Escreva onomatopeias que podemos usar para reproduzir os sons produzidos por:

a) um gato miando: ....

b) um galo cantando: ....

c) um cachorro latindo: ....

7 Que onomatopeias foram usadas nessa HQ?

....

a) O que elas representam?

....

....

b) Que onomatopeias você usaria para reproduzir o som produzido pelo cãozinho?

....

....

8 Numere as frases de 1 a 6, na ordem em que as ações aconteceram.

☐ Pato Donald tropeça em um tronco de árvore e cai.

☐ Pato Donald se segura na linha que está presa no galho, e a pipa finalmente sobe.

☐ Pato Donald começa a correr para empinar sua pipa.

☐ Pato Donald cai num abismo e fica preso em um galho por meio da linha.

☐ Pato Donald se distrai e pisa em uma poça de lama.

☐ Pato Donald se levanta com a linha enrolada em seu corpo, mas é perseguido por um cão bravo.

Produção relâmpago

Tipos de balão

Para indicar as falas e os pensamentos dos personagens, as histórias em quadrinhos apresentam balões. O formato deles nos indica se o personagem está gritando, cochichando, pensando...

Relacione os balões abaixo com as ações descritas.

1 

2 

3 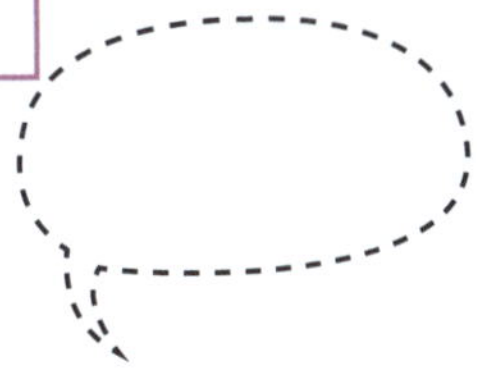

4 

- [ ] O personagem está cochichando, falando em voz baixa.
- [ ] O personagem está gritando.
- [ ] O personagem está falando.
- [ ] O personagem está pensando.

- Numere as imagens com o número do balão que mais combina com cada uma delas.

Claudia Paulussen/Shutterstock

Bernad/Shutterstock

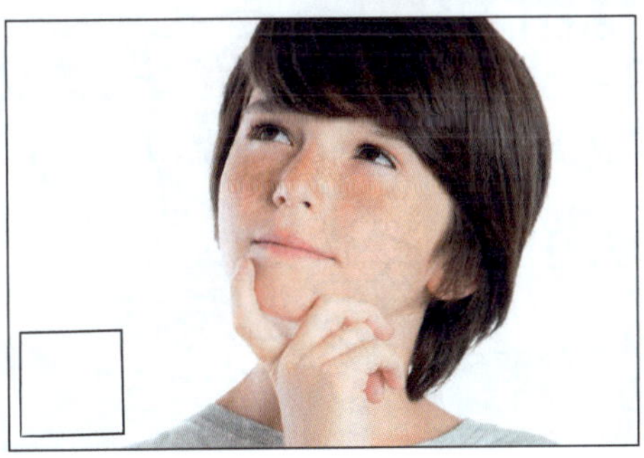
Rido/Shutterstock

Saisnaps/Shutterstock

Leitura 2

Leia esta história em quadrinhos de Mauricio de Sousa.

BIDU! QUE COISA FEIA!
QUE COISA FEIA, FIFI!
VAMOS LÁ! SEJA UM BOM CÃOZINHO E FAÇA AS PAZES COM ESSE LINDO GATINHO!
ISSO! VAI LÁ, FIFI!
GRRR!!
FISSST!!
BIDU!
GRAU-AU-AU!!
FIFI!
MIAAAU!

AGORA, CHEGA!
JÁ NÃO FALEI QUE ISSO É MUITO FEIO?
PRA QUE BRIGAREM DESSE JEITO?
NÃO PODEM VIVER EM PAZ?!
E BLÁ, BLÁ, BLÁ, BLÁ, BLÁ, BLÁ...
BLÁ, BLÁ, BLÁ, BLÁ, BLÁ, BLÁ...
ISSO! AGORA, VAI LÁ DE NOVO!
FIQUE AMIGO DELE!
OLHA AQUI, CARA... SE A GENTE NÃO FICAR AMIGO, ESSES DOIS VÃO CONTINUAR ENCHENDO!
TEM RAZÃO! VAMOS ENTRAR NA DELES!
AHÁ! MUITO BEM!
MARA-VILHA!

Almanacão de férias, de Mauricio de Sousa. São Paulo: Globo/Mauricio de Sousa Editora, n. 37, 2003.

Por dentro do texto

1 Quais são os personagens dessa história em quadrinhos?

....

2 Essa história em quadrinhos tem o objetivo de:

☐ ensinar. ☐ divertir e entreter. ☐ informar.

3 O que simbolizam os desenhos abaixo, que aparecem nos dois primeiros quadrinhos da HQ?

....

....

4 Observe novamente os balões do terceiro quadrinho da história.

a) Eles indicam que os personagens estão falando alto ou pensando?

....

....

b) Por que o sinal de exclamação aparece várias vezes nos balões?

....

....

5 Releia o título da HQ.

- Das alternativas a seguir, que palavras ou expressões poderiam substituir a palavra **feito** sem alterar o sentido do título?

☐ **como** cão e gato

☐ **tal qual** cão e gato

☐ **diferente de** cão e gato

☐ **igual a** cão e gato

6 Releia o desfecho da HQ.

- Explique o que os símbolos nos balões de Franjinha e Joana indicam.

....

....

Quem é ?

Fredy Vieira/Folhapress

Mauricio de Sousa nasceu na cidade de Santa Isabel, estado de São Paulo, em 1935. Criou uma série de tiras em quadrinhos com Bidu e Franjinha, em 1959. Nos anos seguintes, Mauricio criou outras tiras – Cebolinha, Piteco, Chico Bento, Penadinho – e publicações de Horácio, Raposão e Astronauta. Em 1970, lançou a revista da Mônica, personagem inspirada em uma de suas filhas. Depois vieram as revistas de Cebolinha, Chico Bento, Cascão, Magali, Pelezinho, entre outras.

VOCÊ EM AÇÃO

História em quadrinhos

Chegou a hora de você produzir uma história em quadrinhos. O tema dela será a adoção de animais abandonados. Você vai criar uma HQ contando a história de um cãozinho ou um gatinho que foi abandonado e, mais tarde, adotado por uma criança e sua família.

Ilustra Cartoon/Arquivo da editora

Objetivo da produção: criar uma história em quadrinhos para compor um gibi da turma.

Público-alvo: alunos da escola e familiares.

Planejando suas ideias

1. Releia as HQs da **Leitura 1** e da **Leitura 2** e outras que você puder. Nas histórias lidas, observe: os desenhos; a sequência dos quadrinhos; os balões (falas, pensamentos); as onomatopeias; os diálogos entre os personagens; os símbolos e sinais; as cores; etc.

2. Pense em como serão os personagens e o local onde se passará a história.

3. Antes de partir para a criação das ilustrações e dos balões, faça um roteiro da história. Escreva um pequeno texto no espaço da página a seguir, tentando responder às perguntas abaixo e acrescentando outras informações que quiser.

- Onde e como o animalzinho foi abandonado?
- Como foi o encontro da criança com o animalzinho?
- Como a família reagiu ao saber do animalzinho abandonado?
- O que decidiram fazer?
- Houve algum problema entre eles? Se sim, o que aconteceu?
- De que forma o problema foi solucionado?
- Como a história terminou?

4 A história será contada por meio de desenhos e de diálogos. Crie os diálogos para inserir nos balões.

Rascunho

Use o espaço na página a seguir para fazer um rascunho da HQ. Siga estas orientações:

- Divida a história que você escreveu em cenas. Cada cena será inserida em um quadrinho.
- Com lápis preto, divida o quadro na quantidade de quadrinhos que sua história terá.
- Desenhe as cenas de acordo com a história que você escreveu.
- Lembre-se de usar onomatopeias.

Revisando suas ideias

1 Troque sua HQ com a de um colega e faça a revisão seguindo o quadro abaixo.

	Sim	Não
A HQ está de acordo com o tema proposto?		
O leitor vai compreender a sequência das ações?		
Os balões estão adequados às situações de fala, pensamento, etc.?		
Foram usadas letras maiúsculas e de tamanho adequado para a leitura?		
É possível compreender a história por meio das ilustrações?		
Foram usados sinais, símbolos e onomatopeias que costumam aparecer nas HQs?		
O desfecho está adequado à situação vivida pelos personagens?		
A grafia das palavras e a pontuação estão corretas?		

2 Em seguida, troque ideias com o colega sobre a HQ dele e apresente sugestões para melhorá-la, se for necessário. Ouça o que o colega tem a dizer sobre a sua HQ. Peça também ao professor que leia o seu texto e o oriente a respeito das correções.

Texto final

Ilustra Cartoon/Arquivo da editora

1 Em uma folha à parte, faça a versão final de sua HQ realizando as modificações necessárias. Lembre-se de dar um título a ela e assiná-la.

2 Com tudo pronto, entregue a HQ ao professor. Ele vai reunir todas elas e formar um gibi. A capa do gibi poderá ser feita por um grupo de alunos. Outro grupo poderá pensar em um nome para o gibi.

3 Depois, vocês vão escolher, de comum acordo com o professor, em que locais o gibi da turma vai circular. Vocês podem, por exemplo, combinar de, a cada dia, um aluno levá-lo para casa para compartilhar com os familiares. E, por fim, ele pode ficar na biblioteca da escola, para que alunos de outras turmas possam conhecê-lo.

EXPLORANDO O TEMA...

Cuidado com esse bicho!

Você aprendeu que a relação entre seres humanos e outros animais pode ser afetiva e divertida. Afinal, quem não curte interagir com um bicho de estimação? Mas na natureza também há espécies que podem causar sérios danos à saúde do ser humano. Nesta seção você vai aprender sobre um deles e ajudar a combatê-lo. Leia a tirinha.

Roteiro: Frata Soares/Arte: Eduardo Durval/© MultiRio/http://www.multirio.rj.gov.br/

Disponível em: <http://www.multirio.rj.gov.br/index.php/interaja/multiclube/12a15/quadrinhos/11014-entre-jovens-fora,-aedes>. Acesso em: 27 fev. 2020.

Refletindo sobre o tema

1 Quem são os personagens da tira?

2 Qual é o objetivo da tirinha?

3 Releia o último quadrinho. Qual é o sentido da palavra **hospitalidade** na tira? Por que o mosquito utilizou essa palavra?

4 Agora, leia o trecho de um artigo sobre a dengue.

Dengue: a batalha contra os pernilongos

[...]

Quatro mil espécies (tipos) de pernilongos, com hábitos bem diferentes, voam pelos ares. Mas algo eles têm em comum: todos passam uma parte da vida na água e outra no ar. Para nutrir os ovos, que serão colocados na água, as fêmeas de algumas espécies precisam de sangue. Ao picar o homem e outros animais, elas obtêm o sangue de que necessitam. O problema é que alguns pernilongos carregam em seus corpos microrganismos causadores de doenças (malária, febre amarela e dengue, por exemplo). Ao sermos picados, podemos pegar uma dessas enfermidades.

[...]

O vírus da dengue circula no sangue dos doentes. Se a fêmea de pernilongo pica um doente, o vírus também vai para dentro do inseto. Ao picar outra pessoa, o mosquito injeta o vírus em seu sangue e ela pode pegar a doença. O pernilongo que leva o vírus da dengue de uma pessoa para outra se chama *Aedes aegypti*. Sem esse inseto, o vírus não é transmitido para outros indivíduos. Portanto, se diminuirmos o número de mosquitos, estaremos evitando que a dengue se espalhe.

[...]

É aí que você entra. A fêmea do *Aedes aegypti*, que pica durante o dia, gosta de colocar seus ovos na água acumulada em pneus, garrafas, pratos de vasos de plantas e caixas d'água destampadas. Então, mãos à obra! Mantenha o quintal limpo, sem objetos que possam servir de berçário para o pernilongo!

Dengue: a batalha com os pernilongos, de Vívian Carlos Fernando S. Andrade, Luciana Urbano dos Santos e Rejane Cristina Brassolatti. **CHC/Osasco-SP**. Disponível em: <http://chc.osasco.sp.gov.br/dengue-a-batalha-contra-os-pernilongos/>. Acesso em: 27 fev. 2020.

- Agora, responda:

a) Que mosquito é responsável pela transmissão da dengue?

b) O texto afirma que há milhares de espécies de pernilongos. Que semelhança entre as espécies o texto destaca?

c) Para nutrir os ovos, algumas fêmeas precisam se alimentar de sangue. Como elas conseguem esse alimento?

d) Como o texto explica o processo de contaminação pelo vírus?

e) Que orientações são dadas para o combate ao vírus da dengue?

Ampliando e mobilizando ideias

1 Converse com sua família a respeito do que aprendeu sobre as formas de transmissão do vírus da dengue e o combate à doença.

2 Observe se em sua casa há locais propícios para criadouro do mosquito. Caso algo lhe chame atenção, busque a ajuda de um adulto para combater a proliferação do mosquito.

3 Converse com familiares e amigos para dar dicas de como evitar a proliferação do mosquito e se proteger da dengue. Socialize suas experiências em sala de aula.

SUGESTÕES PARA O ALUNO

UNIDADE 1

Livros

Os direitos das crianças segundo Ruth Rocha, de Ruth Rocha. São Paulo: Salamandra.

Em forma de poema, a autora conta o que não pode faltar na vida de quem não virou gente grande ainda, apresentando a história da conquista dos direitos infantis no Brasil.

Serafina e a criança que trabalha, de Jô Azevedo, Iolanda Huzak e Cristina Porto. São Paulo: Ática.

A criança que trabalha em vez de estudar e brincar não só perde a infância como também perde a chance de um futuro melhor. Esse livro foi escrito para informar as próprias crianças sobre o grave problema do trabalho infantil. A dura realidade das crianças que trabalham é mostrada pela personagem Serafina com muito respeito.

Curta-metragem

O fim do recreio. Direção de Vinicius Mazzon e Nélio Spréa. Brasil, 2012. Disponível em: <https://www.youtube.com/watch?v=t0s1mGQxhAI>. Acesso em: 18 mar. 2020.

Depois de que um deputado cria um projeto de lei para estabelecer o fim do recreio, Felipe e seus amigos estão dispostos a lutar pelos direitos da criança, principalmente pelo direito de brincar.

UNIDADE 2

Livros

Poemas para brincar, de José Paulo Paes. São Paulo: Ática.

Nesse livro, o jovem leitor é convidado a uma viagem repleta de diversão e encantamento com as palavras da língua portuguesa. Os poemas tratam de vários temas do universo infantil, instigando a curiosidade e a criatividade das crianças.

No Reino do Vai Não Vem: uma viagem ao mundo do cordel, de Fábio Sombra. São Paulo: Scipione.

O autor narra sua visita a um mundo mágico, onde os personagens clássicos dos folhetos vivem de verdade. Lá ele encontra João Grilo, o rei Carlos Magno, o boi Misterioso e outros seres fantásticos que já receberam rimas de cordelistas consagrados.

Filme

Divertidamente. Direção de Pete Docter. Estados Unidos, 2015.

Riley, personagem principal desse filme, é uma menina de 11 anos que recebe uma ajuda especial para enfrentar importantes mudanças em sua vida. Pelo cérebro de Riley, a Tristeza, a Alegria, a Raiva, o Medo e a Nojinho vão fazer de tudo para que a garota tenha uma vida mais divertida enquanto ela passa por transformações radicais típicas da pré-adolescência.

Site

Divertudo. Disponível em: <https://www.divertudo.com.br/>. Acesso em: 18 mar. 2020.

Site infantil feito para brincar, se divertir e aprender. Apresenta conteúdo diversificado, cheio de jogos, histórias, músicas, vídeos educativos e muito mais.

Unidade 3

Livros

O fantástico mistério de Feiurinha, de Pedro Bandeira. São Paulo: Moderna.

O livro reúne, em uma mesma história, personagens de diferentes contos infantis tradicionais, vivendo aventuras inéditas e animadíssimas. Mistério e diversão estão garantidos!

O menino e o arco-íris, de Ferreira Gullar. São Paulo: Ática.

Problemas que a compra de uma nova geladeira pode trazer, confusões com números de prédios e casas, meninos e meninas que inventam novas palavras: são esses alguns dos temas das crônicas leves e bem-humoradas escritas por um de nossos maiores poetas.

Filme

Descendentes. Direção de Kenny Ortega. Estados Unidos, 2015.

O que vem depois do fim dos contos de fadas? Será que príncipes e princesas viveram felizes para sempre? Nesse filme, todos os reinos famosos de contos de fadas se uniram dando origem aos Estados Unidos de Auradon. Muita aventura e fantasia, em uma história de amizade e magia.

Unidade 4

Livros

O cachorro do menino, de César Obeid. São Paulo: Moderna.

O menino Oscar acaba de convencer a mãe a comprar um cachorro igual ao do amigo. Mas o filhote tem um sério problema: é incapaz de andar. O que fazer com um cachorro que não é igual a todos os outros?

Lola, a andorinha, de Laerte Coutinho. São Paulo: Cachalote.

O livro reúne tiras e HQs de uma andorinha divertida, leve e livre chamada Lola.

BIBLIOGRAFIA

BATISTA, A. A. G. *O texto escolar*: uma história. Belo Horizonte: Autêntica, 2007.

BEZERRA, B. G.; BIASI-RODRIGUES, B.; CAVALCANTE, M. M. (Org.). *Gêneros e sequências textuais*. Recife: Edupe, 2009.

BRASIL. Ministério da Educação. *Base Nacional Comum Curricular*. Brasília: MEC, 2018. Disponível em: <http://basenacionalcomum.mec.gov.br/images/BNCC_EI_EF_110518_versaofinal_site.pdf>. Acesso em: 7 jan. 2020.

CHARAUDEAU, P. *O discurso das mídias*. São Paulo: Contexto, 2006.

COSCARELLI, C.; RIBEIRO, A. E. (Org.). *Letramento digital*: aspectos e possibilidades pedagógicas. 2. ed. Belo Horizonte: Ceale/Autêntica, 2007.

DELL'ISOLA, R. L. P. *Retextualização de gêneros escritos*. Rio de Janeiro: Lucerna, 2007.

DOLZ, J.; SCHNEUWLY, B. *Gêneros orais e escritos na escola*. Tradução e organização de Roxane Rojo e Glaís Sales Cordeiro. Campinas: Mercado de Letras, 2004.

KOCH, I. V. *Desvendando os segredos do texto*. São Paulo: Cortez, 2003.

_______; ELIAS, V. M. *Ler e escrever*. São Paulo: Contexto, 2015.

MARCUSCHI, L. A. *Da fala para a escrita*: atividades de retextualização. São Paulo: Cortez, 2005.

_______. Gêneros textuais: configuração, dinamicidade e circulação. In: KARWOSKI, A. M.; GAYDECZKA, B.; BRITO, K. S. (Org.). *Gêneros textuais*: reflexões e ensino. Rio de Janeiro: Lucerna, 2006.

_______. Gêneros textuais: definição e funcionalidade. In: DIONISIO, A. P.; MACHADO, A. R.; BEZERRA, M. A. (Org.). *Gêneros textuais & Ensino*. Rio de Janeiro: Lucerna, 2005.

_______. *Produção textual, análise de gêneros e compreensão*. São Paulo: Parábola, 2008.

ROJO, R.; MOURA, E. *Multiletramentos na escola*. São Paulo: Parábola Editorial, 2012.